Eugène Carrière

EUGÈNE CARRIÈRE

PEINTRE ET LITHOGRAPHE

Eugène Carrière

PEINTRE ET LITHOGRAPHE

PAR

ÉLIE FAURE

> *L'amour des formes extérieures de
> la nature est le moyen de compréhension
> que la nature m'impose.*
>
> Eugène Carrière.

PARIS

H. FLOURY, LIBRAIRE-ÉDITEUR

1, BOULEVARD DES CAPUCINES, 1

1908

PORTRAIT DE CARRIÈRE

I

Quand j'ai connu Carrière, il habitait la rue Hégésippe-Moreau, à deux pas de cette avenue de Clichy où la vie coule à pleins bords. On était presque sûr, quand on la remontait un peu avant la tombée de la nuit, de le rencontrer dans la foule, avec les siens et souvent un ou deux amis, descendant tous vers la place inondée de monde. Il allait lentement, le dernier venu de ses enfants entre sa femme et lui, son fils ou l'ami à ses côtés, ses quatre grandes filles bras à bras, le précédant ou le suivant, d'une belle marche rythmique, comme de grandes fleurs bercées.

C'était pour lui, en dehors de ses heures de travail, le
moment heureux de la journée, l'abandon à la flânerie, la
recherche de deux tables libres au hasard des terrasses
débordantes. Le café, il l'appelait " le dernier salon où l'on
cause " et je crois bien que causer était pour lui la joie
suprême. C'était le prolongement et le contrôle de la
réflexion solitaire qu'exprimait sa peinture avec une si forte
concision.

Il s'arrêtait à tout instant pour mieux jouir et faire jouir
ceux qui l'accompagnaient du spectacle mouvant où il
retrempait chaque jour sa force et sa joie, de l'énorme
marée humaine, des marches hâtives, des enlacements, des
fronts levés et des mains nouées, des épaules courbées de
lassitude, des gestes de tendresse ou d'appel. Du bout de sa
canne ou du geste arrondi de sa main, il désignait les petites
voitures alignées le long des trottoirs, l'éclair visqueux des
poissons, les beaux volumes pleins des fruits, des racines, des
légumes, les amoncellements de nourriture qui coulaient
des boutiques pressées, pareils à des entrailles ruisselant
de ventres ouverts. Il surveillait, au tournant de la place,
la montée des omnibus, l'effort des chevaux, leur tête
hagarde, éclatante des caractères qu'il aimait à retrouver
partout dans la nature, le frémissement des parties molles,
le silence des plans osseux. Il accompagnait du regard les
grandes traînées lumineuses partant des boutiques allumées
pour aller insensiblement mourir dans l'ombre, y trouvait
la preuve immédiate de la continuité universelle, le mystère visible de la vie ininterrompue. Son visage resplendis-
sait de joie, toutes les formes amies l'entouraient, lui

faisaient comme un cortège approbateur, il marchait dans
l'ivresse pure de l'intelligence et de l'amour. Il était magnifique. Ses amis, ses enfants n'avaient qu'à l'écouter, à le
contempler, et à se taire. Il ramassait dans son cœur tout
ce qu'ils ignoraient d'eux-mêmes et leur en versait la
lumière par sa parole
et son regard.

Quand on le
trouvait chez lui, on
montait presque
toujours droit à son
grand atelier du
second étage. Il était
rarement seul. Il y
avait là presque
toujours sa garde
habituelle d'orgueil
ingénu, un ou plu-
sieurs de ses enfants
travaillant à ses
côtés, un ami sou-
vent, Geffroy ou
Dolent, Charles
Morice ou Séailles,
Hamel ou Roger-
Marx. Le vendredi,

Portrait d'Auguste Rodin.

l'atelier était plein de monde, les familiers de la maison
et aussi des jeunes peintres, des littérateurs qu'on lui
conduisait, des étrangers de passage à Paris. Il com-

mençait, vers la fin de sa vie, après Tolstoï, Ibsen, avec
Rodin, à devenir un de ces centres de communion
humaine autour desquels, depuis quelque vingt ans,
l'esprit européen cherche à se définir. Ces jours là, quand
il y avait beaucoup de monde autour de lui, il causait moins.
Il écoutait courtoisement, restant toujours un peu sur la
défensive, et accueillait avec une politesse légèrement
goguenarde les propos et les dithyrambes des écrivains et
des gens du monde. Il se plaignait souvent de ne plus pouvoir travailler, depuis qu'il était un homme en vue et qu'on
l'assaillait de visites, de lettres, de sollicitations de toute
sorte, de demandes de souscriptions, de présidences hono-
raires ou effectives. Mais quand l'un de ses vrais amis
entrait, il voyait tout de suite en lui un collaborateur, un
homme capable de l'orienter, par un simple contact de
sensibilité et d'affection, vers de nouvelles découvertes.
Alors la causerie commençait, interminable, ou, plus souvent, le monologue. Carrière parlait. Ceux qui étaient
capables de sentir la supériorité de son esprit ne se
hasardaient guère à lui répondre que par des adverbes
approbateurs. Il exerçait sur eux une domination singulière. Plusieurs de ses plus chers amis m'ont avoué qu'ils
le laissaient parler tout seul, parce qu'ils avaient un peu
peur d'émettre devant lui une opinion irraisonnée ou maladroite. C'est un orgueil qui n'est pas à la portée de tout le
monde.

Sa voix sourde, comme intérieure, son articulation dure,
indistincte, sa phrase embarrassée, à tout moment coupée
de "n'est-ce pas" qui paraissaient solliciter l'approbation,

4

MÉLANCOLIE

surprenaient au plus haut point ceux qui l'entendaient
pour la première fois. D'abord, on ne le comprenait guère.
A peine un mot qui éclatait parfois, au milieu d'un marmon-
nement confus. C'était comme une sorte de brouillard
traversé de fulgurations. Quand on avait trouvé la clé de
son langage, aussi obscur dans l'esprit que dans la lettre, à
force de concision, à force de concentration, on en restait
ébloui et presque désemparé. Dès qu'il examinait une
question, il en faisait tout de suite le tour, l'éclairait en
quelques secondes. Alors, la phrase qui résumait son jugement tombait avec la rigueur de la foudre. L'évidence
s'imposait, il fallait toujours se taire, et toujours écouter.

Quand jaillissait une de ces phrases brèves, absolument
définitives, qui vous ouvrait l'esprit et vous fermait les
lèvres, le visage de Carrière était admirable à voir. La tête
un peu penchée à gauche, le solide menton levé, il vous
regardait jusqu'au fond du cœur de ses deux yeux bleus
plantés dans les vôtres, illuminés d'intelligence, et dont les
paupières prenantes ramassaient la flamme. Tout le visage
en frémissait, de la bouche mobile et sensuelle et tendre
dont la lèvre inférieure s'abaissait à gauche, au front bas,
mais très large et rejoignant presque à angles droits les
tempes. "Par instant, il semblait que le visage tout entier
fût une flamme. Elle se tordait aux boucles drues de la che-
velure, elle éclatait dans les yeux... "(1).

Dans les dernières années surtout, cette figure s'était
singulièrement purifiée. La souffrance voilée de pudeur,

(1) Charles Morice — *Eugène Carrière.*

l'intelligence toute puissante, la force morale qu'il reflétait, faisaient qu'on ne pouvait le regarder, ce pauvre visage marqué du fer à la joue droite, vibrant, et comme labouré d'amour, sans un irrésistible élan d'attendrissement et d'orgueil. On avait envie d'y poser pieusement les lèvres, et comme il avait les bras ouverts pour ceux qui venaient lui dire leur misère, pourquoi ne pas avouer que des hommes qui se croyaient déjà desséchés par la vie, ont plus d'une fois répondu comme des enfants à l'appel de la poitrine offerte et du tendre regard ?

Toutes les peines de la vie avaient déposé l'une après l'autre leurs alluvions sur cette face ardente qui rappelait si étrangement par le masque large, le nez rond, les traits lourds, la barbe rare, celle de Rembrandt et qui eût été presque triviale, presque laide, sans l'irradiation continue qui l'embrasait. Mais une sorte de soudure s'était faite entre la surface mobile et les plans osseux arrêtés et sûrs sous la peau tendue, qui exprimait une certitude intérieure victorieuse de la douleur et révélait une source d'enthousiasme qu'aucun désastre extérieur n'eût été capable de tarir. Au fond, Carrière était gai. Il avait la joie divine, " la joie du vrai fort, du héros, ferme sur le roc de la conscience, serein contre tous les périls et tous les maux du monde " (1). Il avait conquis l'ingénuité des hommes qui ont beaucoup appris, et rejoint, à travers la douleur, la nature vraie de l'enfance.

Dans un salon, parmi les sots, il se contractait, ne se livrait guère. Mais quand il lui arrivait de se trouver dans

____

(1) Michelet.

un milieu de simples, il se mettait sans effort à leur niveau
et se tirait bravement de ses obligations d'homme célèbre en
faisant rire tout le monde. Cent fois, tous les jours, je l'ai vu
se donner des joies de gamin, se planter avec ses enfants

Étude.

devant un jeu de miroirs courbes, s'esclaffer d'une physio-
nomie comique ou d'un bizarre accoutrement. Artiste avant
tout, c'étaient surtout les ridicules de la forme qui le frap-
paient. Au Jardin des Plantes, où il allait souvent, il s'amu-
sait des allures humaines des échassiers, vieilles dames,

habits à queue, diplomates chauves, chambellans étiques.
A Anvers, il m'a tenu deux heures devant une cage de singes,
à rire des tapes prestes et des sauts sur les quatre pieds, à
s'attendrir aussi des abandons, des petites figures vieillottes,
des gestes d'humanité. Un jour que son fils avait entouré
d'une serviette la tête de son chien, il dessina, sur le linge
qui pendait comme une trompe, deux traits à la place des
yeux. La pauvre bête, courant çà et là dans l'atelier, ressemblait à un tapir inquiet. Ce fut un quart d'heure de joie
folle.

Au cours des longues causeries, son rire fusait souvent,
brusque, sourd, confus comme sa parole, annonçant toujours ou suivant un de ces puissants sarcasmes qui caracté-
risaient en quatre mots de fer une situation, un événement,
un homme. On lui en a voulu. Il semble que ce soit à ceux
" qui font de l'héroïsme une vertu familière " qu'on passe le
moins leurs paroles. Il n'était pourtant pas méchant. Il
avait le jugement si vivant, si spontané, si sûr, qu'il semblait
que ce fût une fonction pour lui de le manifester, comme
de peindre, ou pour d'autres d'écrire, ou pour tous d'exté-
rioriser toute création et de réaliser tout désir. D'ailleurs,
ces mots éclataient souvent au milieu des paroles les plus
enthousiastes, des plus graves entretiens. Les arbres les plus
généreux ne peuvent pas plus empêcher leurs épines de
croître que leurs fleurs et leurs fruits. Et puis Carrière, dont
l'indulgence inépuisable ne résistait à aucun appel, d'où
qu'il vînt, réservait surtout ses manifestations actives pour
ceux qui lui avaient révélé quelque chose de beau en lui.
" Si tous les hommes étaient de fer, l'humanité serait une

8

grillé". C'est par ce mot écrasant qu'un jour il ferma la bouche à un sot qui l'entretenait exclusivement des défauts d'un grand artiste contemporain.

Chargé d'enfants, ayant connu à peu près toutes les tortures de la vie, et parvenu tard à l'aisance et à la gloire, il était resté rapin au fond, et la plus haute raison et la tendresse la plus agissante, et tout le malheur et tout le succès, rien n'avait pu changer sa nature fondamentale, distraite, indocile, insoucieuse de son extérieur, vagabonde et un peu bohème. Tous ses amis l'ont vu peindre ou essuyer ses pinceaux avec ses doigts, son mouchoir, un coin de sa cravate. Qu'importe. Ses souliers avaient beau être éculés parfois, ses doigts et ses habits tachés de peinture, son haut-de-forme brossé à rebrousse-poils, il avait l'air d'un roi quand il marchait dans la foule. Sa femme et ses filles pouvaient vaquer à presque tous les travaux du ménage, son intérieur avait beau être plus que simple, on y sentait dès qu'on y pénétrait, et avant même d'avoir levé les yeux sur les murs encombrés d'études, on y sentait du premier coup la trace invisible et toute puissante d'une vie de héros. Au fond, Carrière n'a jamais fait que camper dans les divers appartements qu'il a habités, en vingt endroits, autour de la place Clichy, rue Lacharrière, à Montrouge, à Montparnasse, à Grenelle, rue Borromée, rue de l'Abbé-Groult, rue Dareau, avenue et impasse du Maine, rue Mayet, rue du Cherche-Midi, avenue de Ségur. Sa vraie maison, c'était la rue, c'étaient les champs, le bord des eaux, c'étaient toutes les chaises des cafés, tous les bancs des avenues, tous les talus de gazon, toutes les lisières des bois où il pouvait

2

s'asseoir avec les siens autour de lui, ouvrir les yeux, et meubler de l'afflux incessant des merveilles du monde, l'immense palais de son âme.

Quand il était pauvre, et jeune, il explorait les banlieues, filait jusqu'aux bois les plus proches, jusqu'aux collines, traînant derrière lui sa femme, deux ou trois petits trottinant, le dernier-né juché sur ses épaules. On faisait cinq, six, huit lieues dans la journée, on ramassait la poussière des routes, la boue des terres labourées, l'herbe et les fleurs des champs, la lumière du ciel. On mangeait au revers d'un fossé du pain, quelques ronds de saucisson, on buvait de l'eau, on repartait plus loin encore, la mère passive et confiante, les petits geignant mais consolés d'un mot joyeux, et portés tour à tour, le père toujours gai, toujours libre et fort. Au retour, c'était le sommeil écrasé dans le logement sombre, et le lendemain la vie pauvre qui reprenait.

L'aisance ne le changea pas. Il aima toujours les longues courses avec les petits, les amis, les promenades interminables par les rues, les impériales d'omnibus, les bateaux-mouches sur la Seine. Pourtant elle lui permit d'élargir le cercle de ses fugues. Il se dérobait par la fuite aux tracas, aux visites. Maintenant c'est le chemin de fer qu'on prenait. En une heure, un long voyage était décidé, on partait pour la côte ou les montagnes, pour l'étranger, tous ensemble ou à deux, ou à trois ou quatre, tantôt un enfant, tantôt l'autre, ceux qui n'étaient pas du voyage restant à la maison pour la soupe du tout petit. Parfois on s'arrêtait en route, pour visiter une cathédrale, on prolongeait le voyage pour traverser un musée, on faisait un crochet pour aller voir la

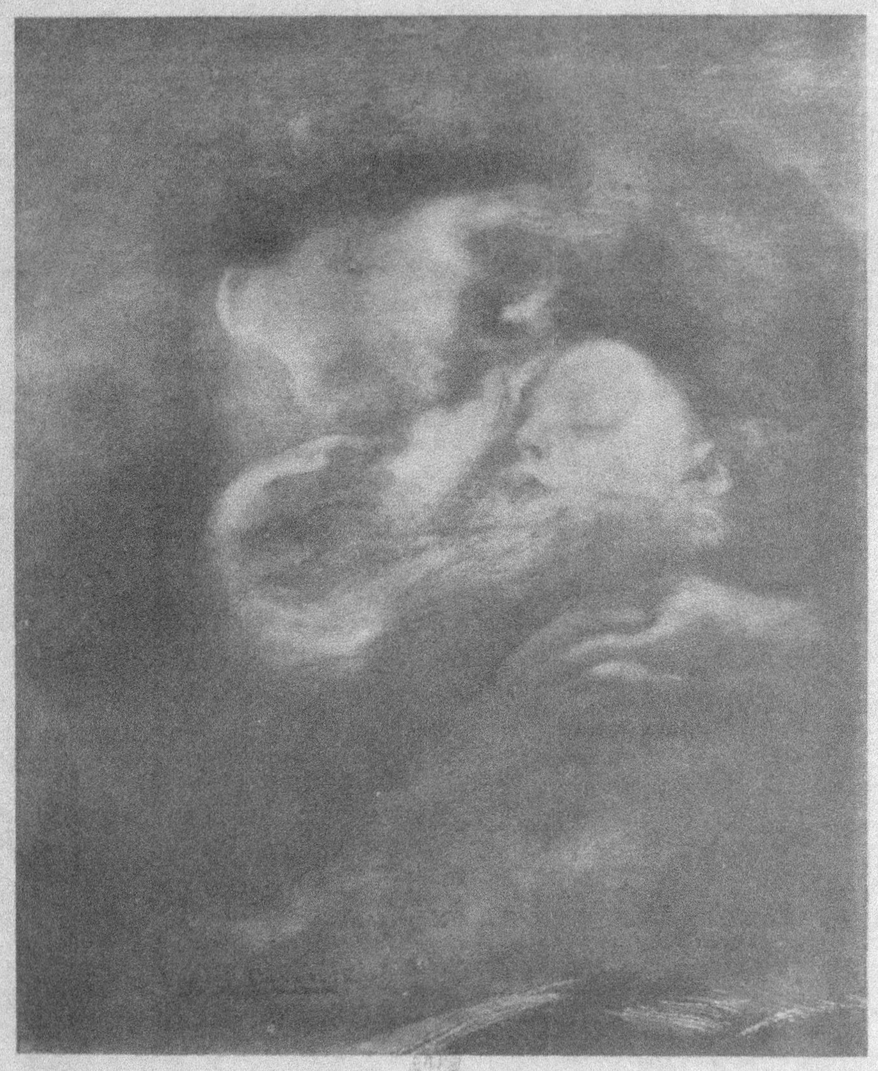

MATERNITÉ

mer. Il semblait que ce fût toujours à un besoin impérieux qu'il obéissait quand il décampait brusquement avec les siens pour leur révéler, dans les formes noyées de Londres, l'éternité des marbres grecs, ou le travail patient de la vieille Allemagne, ou le fleurissement ancien de l'Italie miraculeuse. Il suffisait parfois qu'un ami vînt lui dire adieu avant un départ pour la Bretagne ou la Normandie ou au-delà des frontières, pour que Carrière, le soir même partît avec lui, sa "malle" sous le bras, une chemise, un mouchoir, deux paires de chaussettes roulées dans un papier. C'est ainsi qu'il m'accompagna en Belgique pour une course de quelques jours, me fit voir Mons, le pays noir, Bruxelles, l'éveil puissant des fruits et des légumes sur le marché de la Grand-Place, dans le mystère du matin allumant petit à petit les vieux ors des façades gothiques, la plaine plantureuse, Anvers, Rubens, l'opale immense de l'Escaut. Tout le voyage, on se tenait dans le couloir du wagon, et il ne cessait pas de s'émerveiller au spectacle de l'ondulation des collines, de la force et de la paix des arbres, de l'infini défilé des champs, des maisons, des routes, des êtres, du passage insensible par qui l'on sort d'une apparence pour entrer dans une autre apparence, des formes devinées dans l'assombrissement du jour, du rougeoiment tragique des houillères au fond de la nuit commençante.

Au retour il vous disait : "Ce voyage a défini notre amitié. On se connaît mieux, à pénétrer ses différences". Pauvre cher grand Carrière ! S'il avait su qu'on eût voulu lui ressembler en tout, il se fût éloigné de vous, sans doute, par

affection, parce qu'il savait bien que c'est en se séparant
de la généralité des hommes qu'il avait rejoint l'essentiel de l'humanité. Et puis, comment lui ressembler?
L'héroïsme n'est pas à la portée de tous, ni la simplicité
conquise qui se cache sous la complexité de l'être extérieur.
Les hommes de cette taille ne se peuvent pas définir. Il faut
les accepter tels qu'ils sont et tâcher de nous rendre compte
que leur œuvre traduit une unité logique que nous ne pou-
vons guère saisir que par fragments, à la lumière courte et
brusque de nos intuitions les plus révélatrices. Bien que
Carrière marchât d'un pas sûr vers un but lumineux pour
lui, il était, pour ceux qui l'étudiaient, mouvant et mystérieux comme la vie.

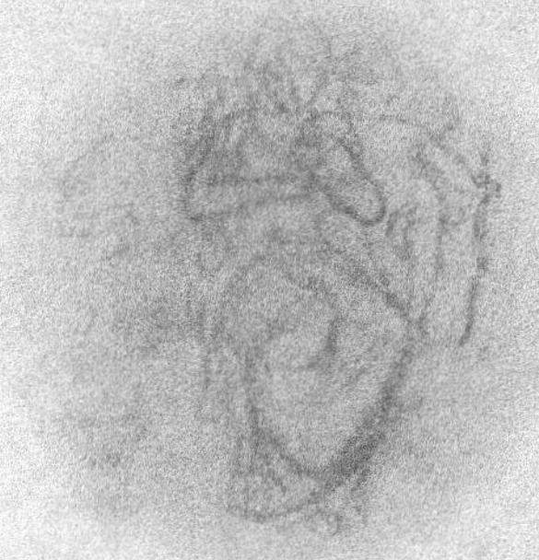

II

Bien qu'il en ait gardé l'accent toute son existence, Carrière n'est pas né en Alsace. Mais s'il a vu le jour à deux pas de Paris, à Gournay, un village de Seine-et-Marne (le 27 janvier 1849), c'est par hasard. Son père était directeur d'assurances, voyageait d'un bout à l'autre de l'année. Il déplaçait facilement la nichée et vivait souvent des mois loin d'elle. Mais il sortait d'une famille établie depuis plusieurs générations autour de Douai, de Cambrai, d'Armentières, et avait épousé la fille d'un médecin des environs de Strasbourg (1). Carrière plongeait donc, par ses racines les plus proches, dans les terres du Nord. Il avait même dans les veines du sang germain, comme le dénonçaient sa force sanguine et la structure de son squelette, et, bien qu'il se sentît — il l'affirmait souvent — très français, et qu'il le fût complètement d'éducation et de culture, on peut trouver dans son origine une première explication de son génie. Il y eut toujours en lui une association étroite entre l'esprit à la fois sentimental et réaliste du Germain et cet amour passionné des formes universelles qui fait du Celto-latin un généralisateur incomparable.

Eugène avait deux ans quand le père quitta Gournay pour aller installer toute la maisonnée à Strasbourg, dans la famille de sa femme, et c'est à Strasbourg qu'il passa toutes celles des jeunes années qui laissent une trace sensible dans la mémoire des petits. Il était à ce moment là l'avant-dernier de la famille qui comprenait sept enfants, quatre frères et trois sœurs et en avait compté huit. Un frère était mort du choléra, à Paris, l'année même de la naissance d'Eugène. Il allait, jusqu'à la venue d'un autre frère, cinq ou six ans plus tard, rester le dernier des enfants, la plus

(1) J'exprime ma reconnaissance à ceux des témoins de la vie de Carrière qui m'ont parlé de sa jeunesse, notamment à MM. Ernest et Alfred Carrière, ses frères. J'ai puisé en outre des renseignements précieux dans *l'Œuvre d'Eugène Carrière* et les études passionnées que lui a consacré Gustave Geffroy dans sa *Vie Artistique*, ainsi que dans la pénétrante monographie de Gabriel Séailles et le très beau livre de Charles Morice.

jeune de ses sœurs, qui le suivait à deux ans de distance, étant morte en 1853.

On connaît la vie du plus petit, dans les familles nombreuses. Il est confié presque toujours, dès qu'il tient sur ses jambes, aux soins un peu sommaires, un peu brusques des aînés. Les plus grands travaillaient déjà, les sœurs aidant la mère, les frères en apprentissage çà et là. Eugène sortait souvent avec son frère Alfred, plus âgé que lui-même de trois ans. L'hiver, ils improvisaient des traîneaux pour glisser dans la neige, sur le talus des remparts, l'été, on courait les prés et les routes. Voilà pour le besoin de dépense physique qui tourmente tous les enfants — et qui

Croquis.

jamais ne quitta l'homme. Mais l'enfant a d'autres besoins qui s'atrophient presque toujours chez l'homme et ne firent que se développer en celui-là. Il n'était guère heureux, malgré sa belle santé, parce qu'il était trop sensible. Le père, qu'on voyait rarement, était un homme droit, mais rude, comme presque tous ceux qui ont fait seuls leur vie. Orphelin à onze ans, il était resté de onze à vingt-et-un ans trompette dans un régiment de cavalerie. Plus tard, des voyages incessants, trop d'enfants, et pas de foyer, des deuils, la vie pénible. Ses fils avaient déjà à leur tour des enfants qu'il leur imposait encore silence quand une discussion s'élevait. Donc, de son côté, un accueil dur.

Les frères d'Eugène n'étaient pas là, ou trop âgés pour la plupart, parfois bourrus comme tous ceux qui sont entrés dans la seconde enfance ; quant à ses sœurs, elles étaient trop affairées pour s'occuper de lui. D'indifférences en rebuffades il s'isolait, rêvassait, ou se réfugiait près de la mère, et comme il était le dernier, l'espoir vivant après deux morts cruelles, elle l'accueillait avec une douceur profonde. Un mois avant de mourir, Carrière me parlait encore d'elle en pleurant. Il avait la pudeur charmante de se reprocher ces larmes : "C'est affreux, disait-il, d'être aussi sensible… ", puis : "Quand je crois avoir perdu cette sensibilité, je m'en veux, je me crois fini…" Qu'elles étaient bonnes ces larmes ! Au travers d'elles, il revoyait, au seuil de sa vie douloureuse, une femme tendre et belle, triste, qui le menait par la main. Ensemble, ils allaient dans les banlieues, les cimetières, les églises. Il avait avec elle de ces ententes muettes, absolues entre mère et enfant, que le petit corps soit tout contre la poitrine tiède, la petite main toute dans la grande main, le petit pas se dépêchant pour rester au niveau du grand pas, la petite figure levée vers la grande figure déjà flétrie et plus

Premier Miroir

souvent douloureuse que gaie, mais qu'attendrissent les questions multipliées auxquelles on répond d'un air distrait et doux. "Jamais femme, a-t-il écrit, ne fut plus généreuse, plus résignée.... La nature l'avait créée riche, et la société l'avait faite pauvre ; elle vécut toujours selon sa nature première. Un enseignement si magnifique fut pour moi le soutien de toute ma vie, et dans mes heures d'incertitude je reviens à ce berceau et je lui demande la preuve de ce que je suis ; j'y trouve toujours la réponse nécessaire. L'homme vit toute son existence sur son enfance. Quel malheur qu'on le sache si peu ! Que d'êtres écrasés au berceau !" (1).

La pauvreté digne des parents, l'effacement que commande à chacun, dans les grandes familles, la nécessité de laisser aux autres leur part pour pouvoir jouir de la sienne, le spectacle quotidien du mouvement et du travail, tout ce qui l'entourait devait porter une petite âme déjà ardente et sensible de nature vers la méditation et l'action. Sorti de la maison bien lavé, bien peigné, son tablier et ses souliers nets, et comme tout neufs, il y rentrait en si piteux état que son père ne voulait pas le regarder. C'est le propre des enfants qui aiment les jeux violents ou qui ne s'aperçoivent pas, quand ils regardent le va et vient des passants, les étalages, la rose de la cathédrale ou le vol de ses flèches, ou sur "le toit d'un bâtiment moyennâgeux... les pigeons et hirondelles" (2), qu'ils ont les pieds dans le ruisseau et que le camion qui passe les couvre d'éclaboussures. Il accompagnait sa mère — née protestante, mais qui avait voulu

(1) Eugène Carrière. — *Écrits et Lettres choisies.*
(2) Eugène Carrière. — *Loc. cit.*

embrasser la religion de ses enfants — au service divin, et
les "ombres mystérieuses, les statues, les beaux vitraux
incompréhensibles comme sujet, mais si riches aux yeux,
toute la pompe religieuse" (1) l'émerveillaient. Il suivait
les processions, où les petites filles sont habillées de blanc,
portent des palmes, et marchent sur des jonchées de fleurs.

On le mit à l'école, chez les Frères. Il apprenait facilement, et bien qu'il ne fût pas très acharné au travail, ses
maîtres se disaient contents de lui. Il aimait lire, et le soir,
se disputait avec son frère les *Bons Romans* qui apportaient
de Paris, tous les mercredis, la suite de *Han d'Islande* ou
des *Trois Mousquetaires*. Ces livraisons étaient illustrées,
elles lui donnaient le goût des belles images qu'il s'appli-
quait à reproduire. Parfois même, il se risquait à composer.
Il faisait des chiens, des cerfs, ou des scènes de la vie fami-
liale, ou de petites aquarelles pour encadrer le compliment,
le jour de la fête de sa mère. Il se "livrait aussi à des essais
littéraires, généralement philosophiques" (1). Il était un de
ces enfants bien doués et remplis d'imagination, mais sans
vocation très arrêtée. Vers douze ou treize ans, on voulut en
faire un chapelier. Il donnait étonnamment le coup de fer.

D'ailleurs, le père était bien déterminé, étant trop
pauvre pour le pousser plus loin dans ses études, à lui
mettre entre les mains, comme à tous ses frères, un métier
manuel, l'arme rudimentaire, mais solide, et qui ne casse
pas. Comme il dessinait facilement, on le mit d'abord chez
un peintre décorateur. Mais le patron battait ses petits

(1) Eugène Carrière. — *Loc. cit.*

apprentis. On le mena à un lithographe. Le soir, il suivait un cours de dessin à l'École municipale de la ville. Tout en faisant consciencieusement sa besogne et en écoutant avec docilité les conseils de ses professeurs, il continuait à dessiner pour son plaisir. Il faisait même, pour illustrer les chansons en vogue, des vignettes qu'on lui payait 15 ou 20 fr. Il acquit ainsi, assez vite, dans le cercle de la famille, des relations, de l'École où il remportait tous les prix, une petite réputation. En 67, la municipalité de Strasbourg envoyait à l'Exposition de Paris un dessin de lui —

Croquis.

d'après une lithographie de Julien — qui représentait une femme avec un caniche sur les genoux.

Le temps était venu d'essayer ses ailes. Tous les grands avaient quitté la maison où ne restaient guère que les sœurs et le dernier venu, qu'Eugène à son tour avait appris à promener et à distraire. Il trouva du travail à Saint-Quentin, chez un imprimeur lithographe. Il y composait, pour les commerçants et les industriels de l'endroit, des en-têtes de factures, des vignettes de réclames, toute une tâche d'entraînement machinal qui ne devait pas coûter beaucoup à l'habileté professionnelle qu'il s'était acquise. Il vécut ainsi plus d'un an dans cette ville travailleuse, en honnête garçon ponctuel à l'ouvrage, sans soucis matériels et très probablement aussi sans grande inquiétude morale. Il gagnait à peu près sa vie, et pourvu qu'il pût économiser de quoi s'abonner à la bibliothèque populaire, il ne regardait guère au-delà de cet avenir. La

Croquis.

première fois qu'il se dirigea vers le petit musée municipal, c'était probablement pour passer sans ennui son après-midi du dimanche. Et c'est pourtant cette visite qui orienta sa vie.

Il eut la surprise de retrouver, sur toutes les murailles, comme arrêtées dans leur fuite éternelle par quelque magie toute puissante, des images qui flottaient en lui, furtives, et dont il ne savait pas qu'elles étaient le lien qui rattachait au monde extérieur la réalité de son âme. Le dessin, jusqu'alors, c'était quelque

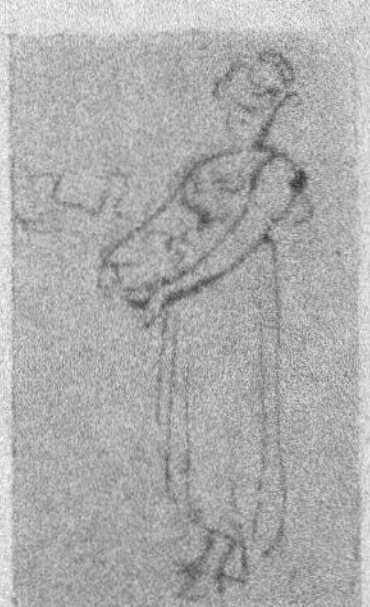

Croquis.

chose qui allait d'un objet à son œil, de son œil à ses doigts, de ses doigts à une feuille blanche, mais où il ne

La Toilette

se fût jamais douté qu'il pût se reconnaître et affirmer la
totalité de son être aimant, souffrant, pensant, accueil-
lant sans relâche les apparences de la
vie pour leur donner la forme de l'émotion
humaine. Il y eût, dans cette rencontre
entre Quentin de La Tour et Carrière,
quelque chose de nécessaire. Il était bon
que l'art lui fût révélé par l'œuvre la plus
simple, la plus directe peut-être de toute
l'École française, et que son premier contact
avec la nature réelle lui apparût sous cet
aspect de vie surprise, que le grand pastel-
liste fixe par les contours à peine indiqués, les ombres légères, la bouche ferme, la

Croquis.

tache profonde de l'œil, l'ensemble
hallucinant et sommaire du masque.
Carrière, toutes les fois qu'il eut une
heure libre revint, copia assidûment
les pastels, les préparations, les dessins, puis, un beau jour, laissa là la
lithographie et partit pour Paris. Il
serait peintre.

C'était un coup de tête. Le père
s'opposait presque violemment à
ce qu'il lachât pour l'inconnu un
métier qui nourrissait son homme.

Croquis.

La famille était au courant des
choses de la peinture. Le grand-père paternel d'Eugène avait
été professeur de dessin et d'écriture à Douai et maniait la

brosso à ses moments perdus. A sa mort, il avait laissé son
chevalet et ses leçons à l'aîné de ses fils, Alphonse Carrière,
qui avait été l'élève de Thomas Couture et dont quelques
œuvres figurent encore au Musée de la ville. Consulté par
son frère, il déclara qu'il était bien plus difficile de peindre
un tableau que de dessiner une vignette et que son neveu
n'était point fait pour ça. Il devait s'attendre, en courant
après la gloire, à n'attraper que la misère.

Eugène ne voyait pas si loin. Il ne courait pas après la
gloire. Il voulait peindre. Quant à la misère, on verrait
bien. Comme il n'avait jamais eu faim et qu'il avait bon
appétit, il ne tenait pas du tout à en tâter. Il voulait peindre,
et, pour peindre, gagner son pain comme il le pourrait. Il
n'avait que bien peu d'économies, et rien à attendre de chez
lui, ni encouragements, ni subsides. Mais il avait entre les
mains un métier qui devait lui permettre, avec un peu de
chance, de travailler pour lui. Il n'était pas en somme
en plus mauvaise posture que les quatre cinquièmes des
jeunes gens de son âge. Il se fit bravement inscrire à l'atelier
Cabanel et se lança dans la mêlée.

Ce ne fut pas tous les jours fête. Il eut de durs moments,
les courses harassées, son carton sous le bras, de l'éditeur à
l'imprimeur, du marchand d'estampes au marchand de
chansons, du Journal de modes à l'Illustré hebdomadaire,
cent fois le refus brutal ou distrait du dessin qui eût assuré
le souper du soir et le loyer de la semaine, la dernière porte
fermée. Il s'était associé avec deux amis aussi pauvres que
lui. Tous trois partageaient leurs gains de hasard, le découragement de leurs défaites, l'anxiété de leurs petites espé-

rances, la chaleur de leurs grands espoirs. Ils eurent des jours passables, des jours de joie, des jours tout à fait noirs, sans horizon, où l'homme ne vit que sur ses souvenirs, où le lendemain suffit à fermer toute la perspective de la vie.

Une fois, ils restèrent soixante heures sans pain. Carrière connût la misère qui lui avait été promise. Il en parlait plus tard sans amertume — la douleur s'use — mais jamais il n'en plaisantait. Il dût dès ce moment là, bien qu'il eût déjà beaucoup de courage et encore peu de

Étude.

philosophie, se douter qu'elle s'entend, aussi bien au moins que la richesse, à briser les ressorts de la volonté et de l'orgueil.

Il n'eût d'ailleurs pas le temps d'éprouver sa force contre elle. La guerre éclata, dispersant en tourbillons les hommes, les rêves, broyant, déviant, exhaussant des destinées. Carrière part pour Strasbourg où se rassemble la famille, comme pour se compter une dernière fois avant l'orage. Les premières défaites, l'investissement de la place le décident. Il s'engage pour la durée de la guerre, s'enferme dans Neuf-Brisach avec son régiment, monte la garde sur les remparts et fait le coup de feu dans les sorties jusqu'à la capitulation.

Nous ignorons presque absolument dans quelle mesure les événements extérieurs déterminent notre vie future et quel est le mécanisme de leur action sur l'éclosion lente et continue de nos sentiments et de nos idées. A son insu, sans doute — il n'avait que vingt-et-un ans — le spectacle des hommes broyés, des maisons incendiées, des pauvres gens fuyant sur les routes, des convois pitoyables de prisonniers vers les forteresses allemandes, dut écarter de la tendresse de Carrière les sensibleries de littérature et de théâtre et l'attacher avec fermeté aux vraies sources de la douleur. Il racontait quelquefois, presque à voix basse, et le front penché, qu'il croyait bien, au cours d'une sortie, avoir tué un homme. Il put, toute l'affreuse année, confronter sa misère qui persistait avec la misère des autres.

On l'interna à Dresde. Il connut les barraques glacées, la soupe au millet, la brutalité des gardiens, le dur métier de terrassier, l'hiver, quand la terre gelée résiste à la pioche et au pic aux manches desquels saignent les doigts. Il eut la chance de tomber gravement malade, d'être porté aux ambulances, de revenir peu à peu à la vie dans une atmosphère tiède. Il put obtenir un crayon, du papier,

PANNEAU DÉCORATIF.

dessiner ce qu'il voyait, ses voisins de
lit, les allées et venues des médecins,
des aides, des visiteurs. Il put fixer ses
souvenirs des travaux forcés, des
convois, du siège. L'un des infirmiers de l'ambu-
lance qui se trouvait être, par une chance
providentielle, conservateur au Musée, vit ces
dessins, s'intéressa au pauvre diable, intervint
en sa faveur. Dès lors Carrière, qui parlait d'ailleurs l'allemand, fut presque heureux. Il eut un
régime spécial, put sortir en civil, se promener
dans la ville et autour de la ville, visiter son
beau musée, travailler un peu même, lire, dessi-

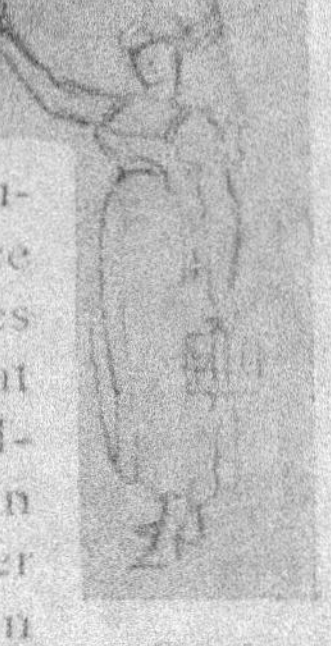

Croquis.

ner, peindre. Il eût pu s'évader. Mais c'eût été trahir et
exposer à des châtiments sévères ceux qui soulageaient son
sort. Il resta à Dresde jusqu'à la paix.

Il rentra à Strasbourg anémié, misérable, couvert de
vermine. Sa mère, dont un autre fils, Alfred, avait été griève-
ment blessé sous Metz, qui était restée jusqu'à la fin de la
guerre sans nouvelles d'Eugène et avait souffert de toutes
les misères du siège, sa mère l'accueillit avec un bonheur
silencieux. Il resta plusieurs mois près d'elle, se refaisant,
l'aidant à réparer les brèches, s'occupant de son petit frère
Ernest pour qui il fabriquait avec une ingéniosité infatigable
des jouets de carton, des forteresses, des soldats. La soupe
chaude et le poêle ronflant, l'intimité du cercle familial,
malgré la gêne du logis, les sombres souvenirs, la cruauté de
l'annexion, toute cette paix triste qui succédait à l'orage lui
fut douce, sans doute, après les misères de Paris, la guerre,

4

la captivité. Mais il n'était pas homme à s'y enfoncer jusqu'au cœur. Il apprit l'insurrection de Paris contre une paix
honteuse, la féroce entente tacite des politiciens pressés, des
généraux battus, de toutes les digestions troublées.

Il voulut partir. Il avait senti toute la misère des hommes se soulever en lui. Contre son père, d'ailleurs franc-maçon, mais bonapartiste par tempérament, il avait toujours été républicain. Il avait lu, dans une fièvre, après les grands romans du siècle, Jean-Jacques Rousseau, Diderot, Voltaire, Michelet. La "religion du genre humain", exaspérée par le lyrisme romantique, avait, depuis vingt ans, refait les jeunes enthousiasmes. Il voulut aller prendre son rang dans l'armée de la pauvreté et de l'idée. Il fut retenu par les supplications de sa mère, qui avait vraiment trop souffert. Il resta. Il apprit avec douleur les incendies, les fusillades, l'écrasement de la Commune. Il avait exprimé sa foi à sa manière, et selon la mode du temps, en peignant d'après lui-même une tête de fédéré à foulard rouge, hurlant, qu'il vendit à Strasbourg.

Carnet d'école.

26

Il revint à Paris en septembre 71. A peine arrivé, il
tomba malade. Sa mère accourt, le soigne, reste auprès
de lui jusqu'à la
venue de tous les
siens que l'option
pour la France
contraint à un
nouvel exode.
Désormais, il ne
quittera que par
accidents la ville
tragique et pas-
sionnée, la ville
sainte pour tous
ceux qui sont ca-
pables d'élever
leur enthou-
siasme à chaque
torture de leur
cœur.

Eugène reprit
sa vie d'avant la
guerre, mais
comme il habi-
tait au milieu des
siens, il allait
avoir devant lui
cinq ou six ans de
tranquillité relative. Le père n'avait pas fait fortune, sans

Croquis.

doute, mais il gagnait son pain. D'ailleurs la gêne, à cinq
ou six, paraît moins dure. Chacun rapporte à la maison le
petit salaire de la journée ou bien l'aubaine de hasard, l'un
gagne un peu tandis que l'autre chôme, et, au bout de
l'année, tout le monde a vécu sans trop de peine, prenant un
peu moins que sa ration normale sur la masse commune, les
gros appétits vidant les fonds de plats, achevant les croûtes
qui traînent, les habits rapiécés passant de l'un à l'autre et
la tendresse qu'on se porte donnant confiance à tous.

La famille habitait boulevard Montparnasse. Eugène
partageait son temps entre l'atelier Cabanel, où il avait re-
pris sa place, et son métier de dessinateur de vignettes. De
72 à 73, il avait trouvé du travail chez un imprimeur lithographe qui devait devenir très célèbre comme peintre d'affi-
ches, et qui s'appelait Jules Chéret. Il faisait aussi des petits
tableaux qu'on vendait de droite et de gauche chez les
voisins, les amis, les relations commerciales du père. A
l'École, il travaillait avec conscience, très attentif aux
leçons du professeur. Très peu de traces en lui de cette
indépendance intransigeante propre à la plupart des grands
artistes de son siècle, de l'École de Barbizon aux Impressionnistes en passant par Daumier, Courbet et Manet.
C'était un garçon très fier, très droit, très noble, et d'une
ardente volonté, ainsi qu'en témoigne le premier portrait
de lui qui nous soit parvenu, mais très modeste, et même
un peu candide. Peut-être n'aimait-il guère la manière de
Cabanel — je n'en jurerais pas ! — Mais il était convaincu
que cet homme considérable en savait bien plus long que
lui, et quand il traversait le pont pour aller contrôler, chez

28

ACHILLE ET PRIAM
(Concours de Rome)

les vieux maîtres, les enseignements qu'il en recevait, il ne
pouvait que constater qu'on lui apprenait à composer
comme ils composaient eux-mêmes. Il ne savait pas encore
que la " composition "
n'est qu'un ordre logique
que notre esprit doit dé-
couvrir lui-même dans
le monde pour imposer
plus sûrement aux au-
tres hommes les con-
quêtes de son émotion,
et que la flamme inté-
rieure l'organise spon-
tanément comme elle
met dans les formes vi-
vantes le geste adapté à
sa fin. Il devait bien
commencer à s'aperce-
voir que, dépourvue de
cette flamme, la compo-
sition d'école est un vê-
tement sur du vide, puis-

Premier portrait d'Eugène Carrière.

qu'il allait droit au plus fort, au plus généreux, à celui dont
les toiles paraissaient naître toutes seules du plus profond de
la nature, entraînant dans un rythme sûr ses mouvements, ses
formes, ses couleurs, toutes ses voix qui se marient. " Je regarde en bas comment le tableau commence, et en haut comment il finit : c'est à Rubens que je dois d'être peintre ". (1).

(1) Jean Dolent — *Maître de sa joie.*

C'est à d'autres aussi sans doute. En présence d'un grand artiste, l'artiste ne s'analyse guère. Il en reçoit une impression totale, une sorte de flot obscur monte en lui, des sens au cœur, du cœur à l'âme, il est comme un bel animal enivré des odeurs mêlées, des murmures, de la fraîcheur des sources et des bois. Il faut l'éclosion de l'esprit pour qu'il perçoive, sur ce flot intérieur qui a nourri sa nature pendant toutes ses années de préparation et d'accueil, de larges fleurs épanouies, et pour qu'en remontant jusqu'à leur racine cachée il reconnaisse le sol où elles ont poussé. Successivement Rubens, puis Chardin, puis les Vénitiens, puis Vinci, Velazquez, Rembrandt sont venus mystérieusement éclore à la surface de Carrière, tantôt presque seuls, tantôt confondus, puis peu à peu voilés comme une source souterraine, reculant dans le souvenir pour laisser sa personnalité grandissante croître de plus en plus et les recouvrir de son ombre.

Si l'on s'en rapporte à ses plus anciennes esquisses d'atelier (1), petites toiles sombres, sujets et tons d'école, mais étrangement larges, aisés, comme aérés, guerriers nus, prophètes drapés, femmes suppliantes, on s'aperçoit que c'est Michel-Ange qui l'impressionna surtout à cette époque. Ce sont des attitudes nobles, un peu forcées, un peu dramatisées, des torses herculéens, des raccourcis puissants qui font saillir les muscles, des fonds, des ciels de tragédie. Ces toiles ne sont pas sans force. La couleur, bien qu'un peu sale est sobre, relevée çà et là de bleus, de gris, de roses qui font pressentir un vrai peintre, le modelé est volontaire, le dessin

(1) *Collection Ernest Carrière.*

PANNEAU DÉCORATIF

sûr et décidé. Son concours de Rome, peint en 76 — *Priam
venant réclamer à Achille le corps d'Hector* (hélas !) —, s'il
ne dépasse pas de beaucoup, au premier abord, la bonne
moyenne des compositions de
ce genre, est plus intéressant
dès qu'on le regarde de près.
L'horizon est d'un de ces sombres bleus dramatiques que
Delacroix affectionnait, le
groupe est d'un sûr équilibre,
Priam prosterné est décrépit
et touchant à souhait, Achille
très dur, très beau, très lu-
gubre, très fort, et, sur son
pied qui repose à terre, le
ruban qui noue la sandale fait
courir un gris tout à fait rare.

Cabanel, quand il vit l'es-
quisse de Carrière s'écria :
" Vous avez le prix ! " Bien
que classé premier pour l'es-
quisse, il ne l'eut pas. Ce fut
un certain M. Wencker qui
l'obtint. Il y avait avec eux,
en loge, MM. Bastien-Lepage,
Dagnan-Bouveret, Dantan, Courtois, Chartran, Debat-
Ponsan, futures gloires de salons.

Il est curieux de comparer ces compositions d'école aux
toiles ou aux esquisses du même temps ou des années

Étude d'atelier.

antérieures, qui n'étaient pas faites en vue de la préparation
d'un concours. Carrière, bien qu'il ne pût pas toujours
empêcher le germe de sa vraie nature d'apparaître furtive-
ment de temps à autre, restait malgré tout un élève sage
parmi les mieux doués dès que la toile devait passer
sous les yeux d'un professeur. Il fallait vivre, forcer les
portes des expositions, tâcher de décrocher quelque médaille,
surtout justifier auprès des parents qui avaient jusque-là
fait pour lui beaucoup plus qu'il n'avait fait pour eux, la décision qu'il avait prise d'être peintre. Le père était un homme
positif, il n'eût sans doute pas compris qu'un succès
durable et valable pût attendre son fils en dehors des sanc-
tions officielles. Carrière, de son côté, hésitait d'autant
moins à les solliciter qu'il n'avait pas encore choisi sa
route et qu'il parvenait à l'âge où l'instinct juvénile, entamé
par l'esprit d'analyse, chancelle et risque de sombrer. Mais
Carrière aimait déjà, plus encore qu'il n'aimait la peinture,
la rue, la campagne, le ciel. Il aimait déjà entraîner ses
amis, son jeune frère vers les coteaux couverts de feuilles
qui bordent la Seine et la Marne, et demander à la vraie
nature vivante la raison des poëmes profonds qu'elle inspira
à tous les maîtres qu'il aimait. Les bois, les soirs, lui révélaient les peintres de 1830 ; les sommeils écrasés des hommes
et des bêtes, la fuite des sillons sous le soleil, l'ombre que
versaient les feuilles lui faisaient comprendre Courbet ; et
toute la douceur du monde, aux heures apaisées où la diffu-
sion de la lumière fait entrer dans le corps des arbres la
terre et l'air, l'eau suspendue entre l'air et la terre, toute la
douceur du monde répandait sur son âme ardente l'âme

Projet de couverture pour un Catalogue.

douce du vieux Corot. Dès 1874, si l'on en croit un *Premier
Miroir* dont le sentiment a la limpidité d'une ombre de
fleur sur une eau claire, il avait été touché par les vastes
élégies peintes du grand poète des nuées et des ciels de
France. La *Nymphe Écho*, du Salon de 1881, porte encore la
trace visible de cette pure et bienfaisante action.

Ainsi Carrière, entre l'atelier, les champs, la ville, loin de
disperser ses efforts, les concentrait. C'est un obscur travail
qui nous débarrasse des plantes parasites et fait fleurir en
nous les plantes saines, et notre raison n'est qu'une conquête
incessante des trésors qui s'accumulent peu à peu dans notre
inconscience. Ce qui fait la certitude des uns fait le doute
et le tourment des autres. Parmi les matériaux confus que
l'exemple des hommes et l'exemple des choses font nécessairement entrer en nous, un instinct fort sait découvrir sa
nourriture, un instinct faible ou dévié ne sait trouver que des
poisons. Carrière, à son insu d'abord, choisissait bien. Il
n'est peut-être pas un peintre en ce siècle, qui ait su à ce
point nouer en lui, pour l'incorporer à son être et le restituer dans son action, le triple enseignement des hommes du
passé, des hommes du présent et de la nature éternelle.

III

Mais cet enseignement ne peut jeter de solides racines que dans nos émotions vivantes. Ce sont les événements de leur vie qui en révèlent le sens et la direction à ceux qui sont faits pour sentir en elle autre chose qu'un enchaînement de circonstances extérieures. Carrière, après six années de travail paisible et de tranquillité matérielle, allait de nouveau toucher au fond même de l'existence et y ramasser pour l'avenir, à plein cœur, la force et le désir de l'exprimer. En 1877, il rencontra une très belle jeune fille, grande, avec un visage calme et brun, toute une puissante vie passive émanant d'elle comme la fonction même de son être. Il l'épousa. Elle était encore plus pauvre que lui. Il ne songea pas un instant à imposer au père et à la mère une charge de plus. Il était homme de décision rapide. Il avait fondé une famille, il accepta de la nourrir. Les deux jeunes gens partirent pour Londres où Carrière espérait trouver du travail.

La mer, qu'il n'avait jamais vue. Le balancement d'une masse profonde, faite d'un seul bloc continu, et qui n'a pas d'autres limites qu'un cercle tracé par l'infini du ciel. L'effacement, l'apparition graduels, selon que le rivage s'éloigne ou se rapproche, d'une même ligne confuse qui est à la fois la terre, l'espace, l'eau. La sensation que l'univers n'est fait que de densités différentes et que, de l'une à l'autre forme, il n'y a rien d'interrompu. Une campagne baignée de vapeurs bleues, la rumeur d'un océan d'humanité, de grandes formes immobiles, lointaines et comme suspendues en l'air quand les clartés illuminantes venues on ne sait d'où traversent le brouillard fumeux, le silence des prairies au milieu des parcs, le fleuve où roulent le tumulte et la nuit sous le sang vaporisé des brumes. Il aimait. Il vivait cette heure de réceptivité sans limite où l'homme se sait réellement la sensibilité même et la conscience de l'univers. Il quittait les douces campagnes de France, leurs jolies lignes simples, Paris, la ville claire, ses ciels légers, tout une tendresse subtile répandue dans l'air et les choses. La mer, la grandeur des falaises, le drame des nuées, la poésie de l'Angleterre, tout cela dût entrer en lui avec une force

56

La Bohémienne

singulière. D'ailleurs, il devait visiter, pendant ses heures de loisirs, le *British Museum*, pour lequel il n'était peut-être pas encore suffisamment préparé, et surtout la *National Gallery*, où Turner l'enchanta. Il en revint, plus tard. Mais, tout imprégné qu'il était alors du brouillard lumineux de Londres, son œil ne pouvait pas encore aller chercher, derrière le voile changeant qu'il étend sur les choses, les plans arrêtés qui nous disent leur vraie nature, leur logique, et les rapports qu'elles ont avec nous. Le magicien ne lui donna pas le temps de se reconnaître. Il l'emporta sur son char de lumière, il l'entraîna dans son monde châtoyant et mobile, parmi

Croquis.

ses tourbillons d'atomes errant dans une étendue trouble où l'air entre dans l'eau, l'eau dans l'air, où l'air et l'eau font trembler, dans l'opâle du prisme, des rubis et des émeraudes. Peut-être même le conduisit-il, par le chemin de rayons qui traverse la brume et la poussière, jusqu'aux visions mystérieuses qu'eurent de la forme et du visage humain les deux héros de la Hollande et de l'Espagne ?

Carrière n'aurait-il pas puisé aux sources de la méditation anglaise, dont l'esprit de Velazquez et l'esprit de Rembrandt hantent toujours l'expression picturale, cet amour des silencieux passages et des volumes tout puissants apparus dans les demi-ténèbres, qui va désormais pénétrer sa vision des choses ?

Tout se tient. Ce fut là sans doute un des éléments fondamentaux dont les combinaisons sans cesse mouvantes et modifiées façonnaient peu à peu sa personnalité. C'est probablement beaucoup plus tard que Carrière sut retrouver en lui l'empreinte de la nature anglaise. Pour le moment, il s'agissait de vivre. Il chercha, dans l'indifférence de la foule où les sources sont aussi difficiles à trouver qu'au milieu du désert. Il recommença ses courses d'avant la guerre, d'éditeur en éditeur, avec la circonstance aggravante qu'il ne savait pas un mot d'anglais et avait à nourrir un être qu'il n'aurait pu voir manquer de pain. "Ce qui m'a sauvé, disait-il plus tard, c'est qu'il y avait chez moi, dans ma jeunesse, beaucoup d'animalité, de force animale" (1). Heureusement. Il vécut là six mois terribles avec des ressources infimes, dont la moyenne ne dépassa guère 20 fr. par semaine. Ce n'est pas qu'il eût été éconduit de partout. Il avait même trouvé du travail chez un éditeur connu, Marcus Ward, qui imprimait pour les écoles des dessins tirés de l'Écriture. Ces dessins étaient payés 5 guinées, et, à un moment donné, il en eut vingt à faire. Seulement, il n'avait rien pour acheter du papier, rien pour acheter des crayons. Tout le monde

(1) Gabriel Séailles. — *Eugène Carrière*.

était parfait pour lui, on le recevait avec cette considération
spéciale que les Anglais, naturellement hospitaliers, témoignent aux artistes. Mais il n'avait rien pour s'acheter un
vêtement correct, rien pour manger un morceau, le matin,
afin de ne pas défaillir
avant le souper où on
l'invitait pour le soir.

Tout de même, il fit
face avec une sorte d'hé-
roïsme aux prévenances
dont il était l'objet. Il
connaissait la respecta-
bilité anglaise, il savait
qu'on n'a pas beaucoup
de considération, dans le
commerce britannique
et dans les autres — pour
ceux qui dépendent du
travail qu'on veut bien
leur donner, et il jouait
son personnage avec un
merveilleux aplomb. Le
soir, parfois, on le rete-

Étude.

nait jusqu'à minuit, et quand on s'excusait de lui avoir fait
manquer son dernier omnibus : " Je prendrai un cab à la
station ", répondait-il. Il en avait pour trois heures à ren-
trer au Cristal Palace, près duquel il habitait, au travers
des quartiers sinistres et du brouillard. Il aimait ça, d'ailleurs, et jamais il ne lui arriva la moindre aventure

fâcheuse. A Paris, quelquefois, il passait la moitié de la
nuit à faire le tour des fortifications....

Au commencement de 1878, Carrière revenait en France.
Il rapportait d'Angleterre de belles visions dans son souvenir, une énergie malgré tout intacte, accrue peut-être,
mais pas un sou. A Paris, le courant des commandes était
interrompu, la maison du père trop étroite pour abriter le
jeune couple, d'autant plus qu'un enfant s'annonçait. Que
faire ? Carrière s'installa avec sa femme dans un étroit logement de la rue Borromée, au fond de Vaugirard, un quartier triste, un quartier de pauvres, lointain. De ci, de là, il
essaya de rattraper quelques commandes. C'était un de ces
temps d'Exposition où tout double de prix, où la vie paraît
plus pénible à agir au milieu du mouvement et de la joie
des autres. Carrière ne sortit pas de sa demi-misère.

L'enfant vint, le premier enfant, la première des grandes
joies, mais avec lui la première forte notion des responsabilités de la vie. C'était là un événement bien fait pour
accroître sa résistance, sans doute, mais pour éveiller en
même temps dans sa nature restée jusque-là assez insou-
ciante, l'angoisse des lendemains. Cette année, si radieuse
pour qui a les moyens de choyer la mère, d'élever l'enfant
dans un nid douillet, de guetter son premier sourire à
la lumière et à l'espace, fut triste au fond du petit logement noir où l'air entrait à peine. Il y a une étude de ce
temps-là — *la Nourrice* — où l'on voit la femme en corset,
les épaules et les bras nus, tendre le sein au petit être. Une
chaise de bois, une cuvette à terre, un poêle pour tous les
besoins du ménage, le chauffage, la soupe, l'eau tiède,

La Toilette

quelques loques au mur... Année triste, apprentissage dur
de la vraie vie d'homme qui s'ouvre. Ce n'est pas assez. Sa
vieille mère meurt, épuisée d'avoir tant travaillé, d'avoir
porté, nourri, élevé tant d'enfants, elle s'en va sans bruit,
douce, résignée, comme elle fut toute sa vie, avec un grand
beau visage triste dont Carrière avait voulu envoyer l'image
à son premier salon, deux ans auparavant. C'est en parlant
de ce temps-là que sa voix se brisait... Sa mère, sa pauvreté !... "C'est le souvenir de ma jeunesse qui m'a sauvé,
me disait-il. Quand ma sensibilité faiblit, je reprends pied
dans le souvenir de mes années misérables. C'est en pensant à elles que j'accueille ceux qui viennent me dire leurs
peines... C'est pour cela que j'aime les pauvres bougres ".

Ce premier envoi, d'ailleurs, ainsi que les deux qui suivirent — en 77 un portrait de petite fille, en 78 un portrait
d'homme — était passé inaperçu. C'est seulement en 79 que
Roger-Marx remarqua sa *Jeune-Mère*, que Carrière eut d'ailleurs le bonheur de vendre — 800 fr. — au Musée d'Avignon.
C'était la première somme raisonnable que lui rapportait sa
peinture. Ce fut pour lui — pour ceux qui l'aimaient — une
grande joie. Le soir du succès, j'imagine que sa forte gaîté
dût emplir de ses éclats le petit logement de Vaugirard, et
que le lendemain il entraîna sa femme et son plus jeune
frère, qui vivait la moitié du temps avec lui, dans l'une de
ces énormes balades d'où tout le monde rentrait éreinté, mais
avec huit jours de soleil dans les yeux, d'air et de fraîcheur
dans le sang. Vivre, vivre de son travail, que la femme eût
assez de pain pour lui faire du lait, assez de repos pour
pétrir les os et la chair du second enfant qui viendrait bientôt,

son ambition n'allait pas au-delà. Carrière à cette époque, était encore le bon ouvrier d'art, heureux de vivre, malgré la vie pénible, plus heureux encore de travailler, malgré le peu d'argent que lui rapportait son travail, mais très modeste, un peu timide, et qu'eût bien étonné celui qui fût venu lui prédire ses succès futurs. Il faisait de la bonne peinture, appliquée, patiente, d'une pâte ferme et suffisamment savoureuse, d'un dessin très serré, des tableaux en équilibre, adroitement composés, avec un soupçon de gravité et de tendresse où, quand on connait leur auteur, on peut découvrir la toute première aurore de son génie. Mais ils ne renversaient rien, il était très naturel qu'au moment où il les signait il concourût au prix de Rome et que le salon l'accueillit. La forte éducation classique qu'il s'était faite lui-même, par le Musée de St-Quentin, le Louvre, le Musée de Dresde, le National Gallery, le British Museum, — plutôt qu'il ne l'avait reçue de l'Ecole, où on ne sait en donner que le vernis et la façade — sa forte éducation classique l'empêcha longtemps de découvrir en lui ce qu'il devait être plus tard, un révolutionnaire, — c'est-à-dire un homme qui revient, à travers l'incompréhension du temps et la routine, à la vraie tradition humaine. Cela valut mieux pour lui, peut-être. Il ne brûla pas sa jeune force à l'enthousiasme des littérateurs et des snobs toujours prêts à briser des ailes en imposant un succès trop rapide à ceux qu'ils découvrent ou croient découvrir dans la foule. Quand il se révéla ce qu'il pouvait et voulait être, l'art officiel et le public eurent très peur. Mais il était trop tard ! Il était maître de la place, ses médailles empêchèrent les jaloux et

les sots de le jeter par dessus bord. Et plus tard, quand vint
la vraie gloire, la vie l'avait trempé, il avait passé l'âge des
vanités débilitantes, il put la regarder en face et accepter
sans faiblir la haute
et rude tâche humai-
ne qu'elle impose à
ses élus.

L'aubaine du pre-
mier tableau vendu
avait paru écarter
un moment la mal-
chance. Carrière, de
80 à 84, tout en con-
tinuant à exposer
régulièrement, tra-
vailla pour un céra-
miste. Il couvrait les
plats et les tasses de
jolis tons transpa-
rents, frais et fluides
— têtes de femmes,
têtes d'enfants — où
commençait à s'affir-
mer l'influence du

L'enfant à la collerette.

maître qui l'attirait surtout à cette époque là. Beaucoup plus,
à vrai dire, par ses qualités de surface, que par ses apports
essentiels. Velazquez ne semble avoir été à ce moment, pour
Carrière — comme il l'est toujours resté pour la plupart de
ceux qui se figurent le comprendre — qu'un virtuose de la

couleur. Entre 80 et 85, Carrière va signer un grand nombre
d'études ou de portraits d'enfants, figures de face, œil mystérieux, auréoles de cheveux blonds, fraises tuyautées
autour du cou, symphonies aériennes de gris, de roses,
rubans ayant la fraîcheur des pétales, fonds de perle, traînées d'argent. Il déployait dans ces fantaisies délicieuses,
qui eussent pu lui rapporter gros s'il avait voulu — ou pu —
continuer dans la même voie, une virtuosité étonnante. Il
possédait son *métier* à fond, et c'est l'habileté du grand Espagnol qui dût surtout séduire cet habile. Avec un mouchoir,
un peu de crêpe ou de gaze, un bout de papier, n'importe quoi,
il avait fabriqué la collerette de l'enfant. Comme il n'avait
pas de dentelles, il en inventait une, et le ruban, le collier
de corail, la tache rose ou rouge qu'il fallait sur la robe ou
les cheveux, il l'y ajoutait après coup, de chic. Quel
héroïsme il faut, quand on possède une adresse pareille,
pour l'oublier, et pour reconquérir, à force d'amour pour
la vie et de respect pour ses leçons, une seconde ingénuité !

En 82, — il habitait rue Lacharrière derrière l'Église
Saint-Ambroise, et avait pris avec lui son père et son frère
Ernest, — Carrière tout en peignant encore des porcelaines,
travaillait pour un marchand de meubles Louis XV —
sujets Watteau, Régence et Pompadour ! — et gagnait sa
vie, assez bien. Un deuxième enfant était venu, déjà se
constituait le noyau de cette grande famille à laquelle il
allait bientôt demander exclusivement de lui révéler ce
qu'il pressentait en lui-même. Il exposait toujours régulièrement au Salon, sans grand succès d'ailleurs, bien qu'après
Roger-Marx d'autres critiques d'avant-garde, Frantz-

44

PREMIER VOILE

Jourdain entre autres, puis Jean Dolent, eussent mentionné ses envois. Il fallut attendre 84 pour qu'avec son *Enfant au chien*, une délicieuse figure velazquezienne, il obtint une première mention.

Est-ce l'essor définitif ? Pas encore. Il ne vend rien, il ne travaille plus pour le céramiste, ni pour le marchand de meubles. Son père meurt, encore un gros chagrin par dessus les soucis d'argent. Trois enfants sont déjà là, un quatrième en route; la mère, malgré sa puissance de résignation, a des heures de découragement, elle ne peut venir à bout de son labeur. Carrière fait

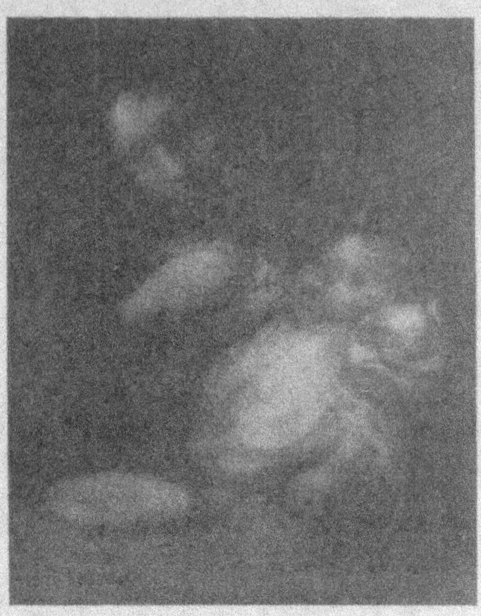

Étude.

son métier d'homme pauvre, bravement, mouche celui-ci, débarbouille celui-là, fait mitonner la soupe du troisième, essuie des yeux de la main droite, berce un petit lit de la gauche, passe des nuits de veille quand l'un d'eux a la

fièvre ou tousse, quand la maladie visite l'un après l'autre
les berceaux trop pressés. Promiscuité asphyxiante et qui
risque d'énerver les plus fortes âmes. Carrière, lui, y décou-
vrit les sources de son héroïsme et toute sa raison d'agir.

Conquête lente. Il ne faudrait pas s'imaginer que
Carrière ait immédiatement compris, du jour où il vit sa
jeune femme donner le sein à son enfant, que ce spectacle
réputé comme le moins instructif et le plus banal de tous
les spectacles, pût le conduire à découvrir d'infinis hori-
zons, le royaume profond des idée générales, et à réunir
tous les hommes dans sa propre humanité. Il était encore
imbu de bien des préjugés d'école, le monde lui apparaissait surtout comme un décor extérieur qu'il s'agissait de
restituer pour la joie des yeux et la distraction des esprits,
et non comme le trésor où nous puisons, de tous nos sens
ouverts, à la fois la révélation de nos réalités intérieures
et les moyens de les traduire. Il suffit, pour s'en rendre
compte, d'étudier sa production à ce moment-là.

Toutes les fois qu'il faisait le portrait d'un enfant, il
éprouvait encore le besoin de le déguiser. Une collerette
autour du cou, un petit chien sous le bras, un plateau à la
main, un verre, un pot, un fruit. Et ce n'était pas le geste
de l'enfant pour saisir l'objet qui conduisait Carrière à le
faire entrer dans sa toile. Ils étaient seulement des accessoires harmoniques. L'enfant posait. Il s'agissait d'en faire
un portrait de façade, qui plût au public et qui rendit fiers
les parents. Quant au peintre, il trouvait sa joie dans une
mise en toile équilibrée, un joli arrangement, une belle
harmonie de tons.

Même quand il regardait autour de lui, quand il voyait les petites formes maladroites errer dans la pauvre lumière de son logement, c'est l'anecdote qu'il cherchait encore, et

Portrait d'enfant.

l'anecdote exceptionnelle. Sa toile de 83, *l'Enfant malade*, est particulièrement significative à cet égard. Carrière a déjà le *besoin* de l'intimité, il n'en a pas encore le *sens*. Il faut un événement d'exception pour exalter son sentiment et amorcer son intérêt. Il faut qu'un bébé souffre, que sa mère lui soit tout à fait nécessaire, que tout le petit monde qui vit autour de lui s'étonne, que quelque chose d'inattendu soit arrivé dans la maison, pour que l'artiste s'intéresse, après le père, et qu'il commence à apercevoir, grâce à sa propre inquiétude, le lien étroit qui attache l'enfant à celle dont il est sorti. Ce n'est que peu à peu qu'il découvrira que ce lien existe, aussi fort, dans le simple allaitement, dans un simple baiser, un simple geste machinal, une simple présence distraite. A mesure que les scènes qui lui révèleront le rapport de la mère à l'enfant deviendront plus banales, plus quotidiennes, plus dépourvues de tout aspect exceptionnel, il le sentira et l'exprimera avec une intensité, une profondeur, une intériorité accrues. Pour le héros, toutes les minutes qui tombent enferment l'infini du monde, l'infini du sentiment.

A étudier cette grande toile de 85, la première de lui qui ait conquis — rétrospectivement — la célébrité, on peut s'étonner du succès relatif qu'elle eut. Ses vraies qualités intérieures — les plus difficiles à voir — c'est la volonté qu'on y lit, la grande pureté de cœur. C'est par là, sans doute, qu'elle frappa les critiques d'alors. Le public y vit une anecdote d'un sentimentalisme suffisamment suggestif. Les professionnels furent frappés par les qualités de composition extérieure qu'elle révélait, qualités qu'ils apprécièrent d'autant mieux que rien dans la couleur, un peu terne, désunie, et sans parti-pris, n'était fait pour les effaroucher. Benjamin-Constant, alors à l'apogée de sa fausse gloire, eut pourtant le mérite d'y trouver autre chose que des

L'Enfant au Chien

dons de peintre à succès. " Pas un de nous ici, lança-t-il à
un jury d'autant plus pénétré de sa valeur qu'il était plus
incompétent, pas un de nous n'est f.... de dessiner une tête
comme ça". Et il lui
fit avoir une troi-
sième médaille.

    Succès plus ap-
préciable encore.
L'état acheta le ta-
bleau — 1.800 fr.!
Hélas! le pauvre
peintre n'en vit pas
le premier sou. Un
créancier " cruelle-
ment idiot " fit tout
saisir. " Il me resta
ma médaille, écri-
vait-il à Jean Dolent
l'année suivante.
Total 260 fr., j'avais
300 de cadre à payer.
Heureusement le
prix Bashkirtseff me
tomba des nues. Je
pus payer mon

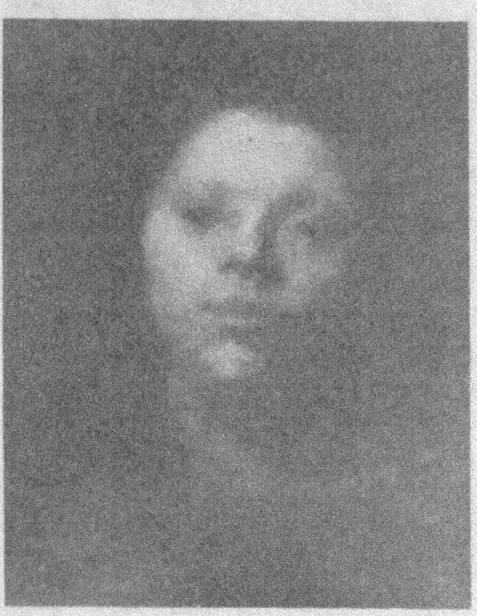

Étude.

terme ! Cette année je n'ai rien, mais mon tableau me
restera. Je pourrai meubler mon atelier ! Tout ça, cher
ami, pour dire que des personnages qui étaient prix de
Rome à 25 ou 28 ans et décorés à 30 ou 35 ans, et qui parlent

de leurs misères supportées pour l'amour de l'art, ont peut-
être tort de me trouver pressé à 37 ans de donner du pain à
mes petits " (1).

Trente-sept ans ! Il est peu d'artistes qui, à cet âge là,
ne soient définitivement orientés. Carrière, lui, cherchait
encore sa route. Rien en somme chez cet homme mûr, et
de très grand talent, rien qui pût faire soupçonner un vrai,
un exceptionnel génie. Ses lettres de la même époque n'ont,
elles aussi, qu'un intérêt anecdotique. Le puissant esprit
que ses tableaux et ses écrits antérieurs révèleront, n'y
paraît pas. A trente-sept ans, précisément, Raphaël et
Watteau s'en allaient, à trente-sept ans Velazquez avait
déjà signé ses grands portraits équestres et Rembrandt sa
Ronde de Nuit, Titien, Rubens possédaient la force et la
gloire. Le génie de Carrière fût bien plus lent à naître. Je
ne pense pas qu'on puisse citer dans toute l'histoire de la
peinture, un plus magnifique exemple de ce que peut faire
la volonté. Il découvre lentement son instinct, un peu
sourd et dissimulé à l'origine, et, par lui, arrive à conquérir
pas à pas, rouage après rouage, dans un effort continu, infatigable, et pour lequel toutes les joies, tous les désastres,
toutes les secondes bonnes ou mauvaises qui font la trame
de la vie furent un encouragement, l'intelligence la plus
maîtresse d'elle-même que le xix° siècle ait probablement
connu. Ceux qui ont approché Carrière ne me démentiront
pas.

Au mois de décembre de cette même année 85, six mois
après son grand succès, le croup enlevait en quelques jours

(1) Eugène Carrière. — *Loc. cit.*

La Famille

le second des enfants de Carrière, un petit garçon de six ans.
Je pense que ce fut là l'événement de sa vie qui contribua
le plus à orienter
son évolution fu-
ture. N'est-ce pas
Hérodote qui fait
dire, à un homme
qu'on interroge sur
sa vie : "Je n'ai pas
le droit de pré-
tendre que j'ai
connu la douleur,
n'ayant jamais
perdu d'enfant".
Il faut avoir vu cet
espoir vivant qu'est
l'enfant sombrer
tout-à-coup, lais-
sant un trou noir à
sa place, il faut
avoir senti la vie se
retirer de votre vie,
pour se douter des
sources inconnues
que la douleur peut
faire sourdre en

Émile.

nous. Il n'est pas vrai de dire que la douleur féconde,
elle laboure. Quand elle est passée sur elle, notre sensibilité
en reste si profondément renouvelée qu'elle nous ouvre

tout entier aux appels des hommes et des choses. On sent
comme des lames de fond, des vagues noires monter de
soi, et dont le sommet s'illumine de compréhension et d'enthousiasme toutes les fois qu'ils sollicitent notre fraternité
ou notre amour.

Carrière sonda jusqu'au fond sa blessure, il vit que tout
le drame est près de nous, qu'il est en nous, que nous
l'agissons toute la vie, que l'horizon ne se rapproche pas
quand on marche toujours sur lui, et qu'il nous suffit le
matin, au réveil, d'ouvrir les paupières pour trouver à portée de la main une forme capable de nous révéler toutes les
formes. Puvis de Chavanes répondait, un jour, à quelqu'un
qui lui décrivait un coucher de soleil sur l'Amazone : "J'ai
vu le soleil se coucher sur la Loire. J'ai vu tous les couchers
de soleil". Carrière s'aperçut qu'en regardant vivre ses
enfants et sa femme, il comprendrait toute la vie de tous
les hommes. N'écrivait-il pas, plus tard, sur elle et sur eux,
et sur lui-même — ces lignes en qui toute son œuvre est
concentrée : "Elle est présente avec eux dans toutes les
œuvres de son mari, forte et résignée, confiante dans l'espoir enthousiaste, elle accompagne dans un silence actif
les efforts renouvelés, déçus sans étonnement et continués
avec les joies que donne un amour de la vie que le succès
a laissé intact. La force, cette vertu de la nature qui donne
et ne demande jamais, fut le spectacle de ce peintre qui se
croyant dans la solitude avait trouvé toute la puissance
de la vie résumée dans ce qui l'entourait. Il connut
l'héroïsme qui s'ignore et dans le spectacle toujours nouveau et pareil de la vie qui se transforme, l'éloquence

L'Enfant malade.

des belles révélations, des gestes directs et des sentiments vrais.

Il dut y puiser le mépris des choses sans raison, riche
d'un temps que personne n'estimait, il put en jouir. Quelle
est la part de chacun dans cette vie ? Il est difficile de le
dire, tout cela est si lié que rien ne peut en être distrait.
Ainsi, la nature collabore avec nous, notre bonheur est d'y
consentir ".

Sa femme, ses enfants, lui-même, plus tard quelques-uns
de ses amis, la ville, la plaine, le ciel, et aussi tout ce qui
relie le présent au passé par la chaîne du souvenir, tels
allaient être désormais les modèles de Carrière. De plus
en plus il devait fuir tout ce qui ne constituait pas la
substance même de son existence, tout ce qui n'était pas
pour lui l'occasion d'une joie, d'une souffrance, tout le
décor artificiel du monde qui s'éloignait de ses regards sans
même qu'il songeât à lui, par la seule action des certitudes
qu'il puisait au cœur de la vie essentielle. Afin de s'exprimer, il allait vivre.

Le mystère s'ouvrait dès les frontières de son être. Il
regarda autour de lui, à côté de lui, à ses pieds. Il vit trois
pièces étroites où errait une lumière sombre. Il vit une
femme dont la tête était inclinée, le bras replié pour soutenir un petit être, une joue contre une poitrine. Autour,
d'autres petits êtres essayant leurs pas, essayant leurs gestes,
sollicitant à tout moment l'attention, le secours de la mère,
laissant un jouet pour un autre, très appliqués à leur
besogne, lancés, de toute leur activité balbutiante, à la
découverte du monde. Des coins noirs, où l'éclair d'un

cuivre, la lueur d'un verre révélaient des choses confuses,
et la lumière sombre appuyée çà et là sur la rondeur d'un
sein, deux mains nouées, un front luisant, une face levée
dont les yeux ne se voyaient pas et qui pourtant regardait
de toute son âme. Un mouvement obscur dans les demi-
ténèbres, dont quelques saillies lumineuses révélaient le

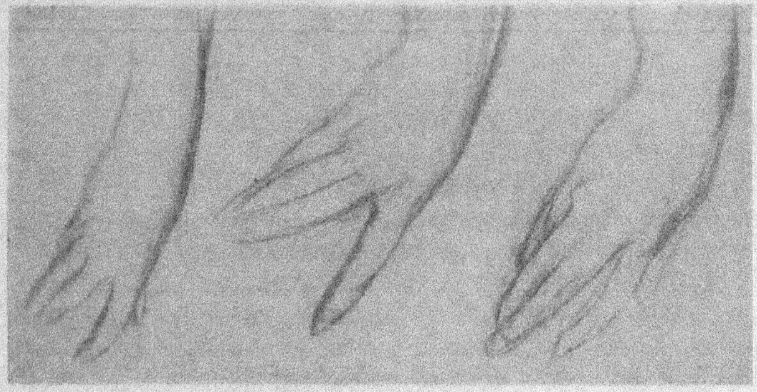

Étude de mains.

sens. Il n'avait plus qu'à regarder, avec l'intensité d'une
passion qui, loin de jamais s'épuiser, s'accrut jusqu'à la
fin, et qu'à attendre, à toutes les minutes de sa contempla-
tion, la vérité nouvelle qu'elle allait faire se lever dans le
silence de son âme. C'est en suivant l'être humain du matin
au soir de la journée, du matin au soir de la vie, qu'il allait
découvrir les généralités les plus vastes dans les gestes les
plus communs.

Il fallait, pour essayer de comprendre tout à fait Carrière,

avoir fouillé avec lui ces grands cartons qui traînaient dans
tous les coins de l'atelier, remué la poussière de la table
encombrée qui en occupait un angle, s'être imprégné de ces
dix mille dessins envolés sur des feuilles blanches, du
papier d'emballage, des factures, des lettres de faire-part,
des marges de journaux, des prospectus, des cartes de visite ;
il fallait avoir *lu* ces notes qu'il prenait à toute heure
du jour, à toute occasion, pendant les poses ou dans l'intimité du cercle familial, ou en causant, ou à table, à la
promenade, ou sur les tables de café. Je l'ai vu, dans une
minute de ferveur distraite, tremper son doigt dans un
encrier pour confier une silhouette au papier qui traînait
sur la table. Tous les gestes qu'il surprenait, toutes les attitudes qui lui révélaient une émotion nouvelle, toutes les
coulées de lumière qui déterminaient un plan, il les
arrêtait dans un dessin, fugitif, rythmé, mouvant, précis
comme la vie. Son œuvre est là, des premiers pressentiments
aux premières inquiétudes, des premières inquiétudes aux
plus fortes affirmations. On la voit trembler au ras du sol
comme une moisson qui se lève, pousser plus ferme, fleurir,
fructifier, répandre ses grains autour d'elle. Têtes d'enfants,
têtes de femmes, sinuosité ferme des bouches, taches des
yeux, rondeur des crânes, lianes des bras enveloppants,
mains, innombrables mains qui prennent, déposent, dési-
gnent, qui s'unissent ou se dénouent, s'étreignent, phalanges
fermées, ouvertes, doigts écartés, doigts allongés, doigts au
repos ou pressés les uns contre les autres, tendrement, comme
des amis. Tout ce qui, dans les grands tableaux graves, dans
les œuvres unes et sobres, fixera, en quelques plans sûrs, la

L'Enfant au Verre

signification d'un groupe, d'un volume, tout est là en puissance, étudié, confronté, analysé, poursuivi jusque dans les élément les plus infimes de l'expression. Ces dessins

Croquis.

sont des confidences. Ils témoignent du respect avec lequel il attendait que la nature lui parlât, de l'attention qu'il apportait à suivre ses leçons les plus fugitives, de l'ardeur qui le soulevait quand, dans l'éclair de l'intuition, il saisissait l'esprit des choses. Je pense qu'il n'existe pas, de

8

par le monde et dans aucune autre œuvre écrite ou dessinée,
un trésor pareil de gestes, d'attitudes, d'expressions ramas-
sées à même la vie, en pleine humanité agissante et non
surveillée, vivant directement, sans autres intermédiaires
que son corps, ses membres, son visage, entre les impulsions
intérieures de ses instincts élémentaires et les mille objets
qui les sollicitent. Pour Carrière s'ouvraient, à portée de la
main, les sources de la vie. Tous les sentiments simples
qui guident l'enfance, la faim, l'envie, le besoin de protection et de caresses, la curiosité, tout ce qui détermine les
gestes des petits, tout ce qui fait se pencher sur eux les
mères, tout est là, dispersé et n'attendant plus que la
volonté et la prescience du génie pour s'organiser en symboles et confier aux hommes qui viendront la lui demander,
la signification de l'existence.

IV

L'esprit humain a passé, tout le long de l'histoire, par des alternatives d'ouverture et de fermeture, d'inquiétudes qui se traduisent par des analyses poussées dans tous les sens de son activité, de certitudes que trahit un besoin de synthèse universel et victorieux de tout. Tout diverge aujourd'hui, demain tout convergera, et chaque période de divergence ou de convergence est une réaction que nécessite la période qui précéda.

Portrait d'Eugène Carrière.

Le XIXe siècle a été caractérisé par une évolution si rapide qu'il offre, en raccourci, tout le rythme précipité des âges antérieurs. Synthèse mystique du romantisme, analyse expérimentale du scientisme, synthèse nouvelle où voudraient se confondre, dans l'unité de notre action, le sentimentalisme du commencement du siècle et le rationnalisme de sa fin. A chaque époque le philosophe, le savant, l'artiste, venus des même sources, créés par les mêmes besoins, se cherchent les mains sur la route obscure, marchent les yeux levés vers la même lueur. Au spiritualisme vague de Cousin et de Michelet répondent l'animisme des vieux médecins, la croyance de Cuvier en la fixité des espèces, la fièvre sentimentale de Delacroix; au matérialisme de Taine, le mécanisme de Büchner, le réalisme de Courbet et des naturalistes; au monisme actuel, la recherche de l'unité, de l'énergie et de la forme et l'équilibre esthétique où les hommes puiseront dans le monde extérieur les éléments de l'idéal et ramèneront sur la terre tous les dieux pressentis.

Carrière apparut dans la mêlée à l'heure où triomphait l'Impressionnisme. Sorti du mouvement matérialiste, il en avait tiré toutes les conséquences logiques en s'attachant à pousser jusqu'au bout l'analyse de la lumière et à décrire du matin au soir et d'un bout de l'année à l'autre les modifications imprimées à l'écorce du monde par les rayons qui nous l'éclairent. Tout en nettoyant notre esprit des vieux dogmes d'école, il nous restituait un univers étonnant de vérité superficielle, mais sans rythme, sans vie intérieure, sans lien avec les pressentiments d'une vérité générale à qui l'esprit humain doit sa continuité.

Deux mouvements, courts et partiels, allaient en sortir, l'un pour réagir contre lui, l'autre pour l'entraîner jusqu'à ses limites extrêmes. L'un s'appela le symbolisme. Il ne

voulut plus voir dans le monde des formes qu'un vague
reflet de l'âme humaine où vivrait toute réalité. L'autre

Étude.

s'appela le néo-impressionnisme. Il ne voulut plus admettre
qu'un monde extérieur mécanique, dont tous les aspects

pouvaient se restituer par un procédé susceptible d'être
scientifiquement formulé. L'un était la résurrection du
mysticisme spiritualiste, l'autre l'éclosion du mysticisme
matérialiste. L'un oubliait que le monde extérieur avait
façonné l'âme humaine, l'autre que le monde extérieur
n'avait de réalité pour nous qu'à la condition de passer au
filtre de l'âme humaine. Ils oubliaient tous deux que l'âme
humaine et le monde extérieur étaient faits de continuels
échanges, d'incessants contrôles réciproques, d'aspiration
vers l'unité.

C'est en même temps qu'eux qu'apparut Carrière,
et c'est à lui qu'il devait appartenir, dans un effort puissant d'harmonie synthétique, de réunir le sentiment du
romantisme à l'objectivisme matérialiste et de réaliser
dans son œuvre l'accord mystérieux de la forme et de
l'esprit.

Quel temps, et quel homme ! Tous les jours, des labo-
ratoires, sortaient des faits nouveaux qui renversaient le
dogme d'hier, les usines forgeaient du fer, la foudre portait
la pensée, un immense va et vient de marchandises, de
théories, de sang, unissaient tous les coins de la terre.
L'évolution universelle passait du domaine de l'histoire
dans le domaine de la vie, tout était en discussion, les lois
du travail, les lois de l'échange, la nécessité de la paix,
la nécessité de la guerre, une immense enquête confuse
engagée sur tous les terrains à la fois divisait, égarait,
dissociait les idées reçues, toutes les vieilles habitudes
de la spéculation et de l'action. Un homme vint, qui
regarda, dans une petite chambre obscure, une mère nourrir

Étude.

un enfant, et qui, dans l'éclair de cette vision, reconstruisit
l'espoir et l'architecture du monde.

Par quoi cet homme était-il préparé à cette œuvre profonde ? Des deux côtés, il venait de petites familles bour-
geoises, obscures, il n'avait reçu qu'une éducation élémen-
taire, assez désordonnée, il avait grandi dans un milieu
qui s'intéressait peu aux idées générales, il avait même
subi l'empreinte d'une école immobile et sans horizon.
Mais ses parents, ses grands parents avaient travaillé pour
vivre, d'un travail simple, mais non machinal, moyenne-
ment intellectuel. Ils avaient été tous mêlés aux luttes de
leur siècle, ils avaient tous essayé, dans le long effort
obscur des classes moyennes qui suivit la Révolution, de
se dégager de la foule des pauvres gens, de conquérir pour
leurs enfants un peu plus de valeur sociale. Professeurs,
négociants, médecins de province, ils avaient à peu près
tous appartenu aux groupes sociaux qui tentent de sortir
un peu de l'automatisme général. Ils lui avaient transmis,
par l'accumulation patiente et sans à coups de leurs humbles
énergies, un bel équilibre nerveux, une force intellectuelle
exercée, mais intacte pour n'avoir eu à résoudre, depuis des
siècles, que des problèmes de médiocre difficulté. En outre,
il avait eu la chance d'avoir un père positif, modeste, dépourvu
de toute espèce de vanité bourgeoise et qui n'avait pas débi-
lité par une instruction trop intensive, le cerveau de ses
enfants. Tout jeune, Carrière avait lui-même partagé les
destinées hasardeuses du siècle, il avait travaillé dur, d'un
métier presque manuel, il avait connu l'extrême pauvreté,
traîné vingt ans la gêne, il avait vu de près la guerre et avait

64

ÉTUDE DE NU

accepté de bonne heure de lourdes responsabilités. Si, dans
son ascendance et son éducation rien ne l'annonçait positi-
vement, rien non plus ne s'opposait et tout concourait
discrètement à ce qu'il devint un homme, peut-être même
"un homme représentatif". Il était né et avait grandi d'accord avec la moyenne du siècle.

L'Ecole des Beaux-Arts eût pu l'éteindre. Mais une flamme
obscure et trop puissante l'animait. L'Ecole des Beaux-
Arts le sauva. Il ne connût pas les théoriciens de café, les
programmes fiévreux des jeunes gens à cheveux longs,
l'aveugle intransigeance des groupes ennemis qui usent
leur vitalité en querelles et n'ont pas le temps de regarder
ce qui se passe en eux et autour d'eux. Il n'aima d'ailleurs
jamais l'esprit de négation, qui se voue de lui-même à la
stérilité. Il pensait que l'affirmation seule est féconde.
" Quand je demande à quelqu'un mon chemin, me disait-il
un jour, c'est pour qu'il me dise par où je dois passer,
et non par où je ne dois pas passer". Il grandit seul, avec
la foule autour de lui, il put recueillir dans le mouvement
des rues et le calme des plaines les préparations silencieuses
que ses ancêtres et son temps avaient accumulées en lui.
Il écouta docilement ce qu'on lui dit à l'Ecole, mais sans en
être entamé comme il l'eût été sans doute par des violences
de pensée et de langage auxquelles ni son atavisme, ni ses
visions, ni ses lectures, ni ses expériences personnelles ne
l'avaient préparé. Son intelligence fut une lente, une
patiente révélation. Parce qu'il acceptait les autres
hommes, il fut lui-même. Il se borna à regarder, à
travailler, à vivre, et il se trouva un beau jour qu'il

n'eut qu'à ouvrir la main pour que le fruit d'un siècle y
vint tomber.

Il n'est pas douteux, nous l'avons vu, que la mort de
l'enfant ait été pour Carrière l'occasion de sa première
grande conquête sur lui-même. Héritier du Romantisme
par la puissance pathétique du sentiment, il allait presque
du jour au lendemain renoncer aux moyens d'expression
chers à l'école pittoresque. Le drame exceptionnel survenu
dans sa vie eût attiré plus encore vers l'exception un esprit
faible, l'eût poussé à donner au monde le spectacle de sa
détresse. C'est au contraire à dater de ce jour qu'il aborda
le drame quotidien, ayant compris qu'il contient en virtua-
lité tous les drames exceptionnels qui en sont les révélateurs.
L'Enfant malade est du Salon de 85, le fils du peintre meurt
à la fin de cette même année, et la dernière toile nettement
anecdotique qu'il ait signée — *le Premier voile* — , est du
Salon de 86. Elle était probablement aux trois quarts achevée
quand l'enfant disparut. Elle est d'ailleurs fort belle, grave,
avec un grand équilibre de masses, une lumière recueillie
sur le groupe central. Mais elle fait encore appel à l'amour
du conte moral, le seul qui frappe au cœur les foules en
leur parlant de douleurs ou de joies attendues, très définies,
entrées dans leurs habitudes, devant lesquelles elles savent
d'avance qu'elles doivent répandre des pleurs. Après, ce
sera bien fini. L'anecdote ne sera plus le but, mais le
prétexte, le pathétique du sujet disparaîtra dans le pathétique éternel qu'un grand artiste obtient par l'accord des
valeurs et des formes avec les grands sentiments simples
dont ils sont la traduction. Carrière ne s'abaissera plus

vers la foule. La foule n'aura qu'à l'écouter, si elle veut monter vers lui.

La deuxième conquête que fit Carrière sur lui-même fut la suppression de l'accessoire. La troisième fut l'abandon progressif des harmonies superficielles.

Déjà, à cette époque, ont disparu des portraits d'enfants les petits chiens familiers, les jouets, les collerettes, et, presque complètement aussi les fruits, les fleurs autour des tempes, le rire de l'été associé au rire de l'enfance. Plus il regarde ses enfants, plus il ne voit qu'eux-mêmes, plus il néglige ce qu'on dispose sur eux ou autour d'eux pour qu'ils plaisent aux autres ou pour qu'ils se trouvent beaux quand ils se regardent dans la glace. Dans les portraits d'amis, — surtout dans les portraits de commande, parce qu'ils l'inté-

Étude.

ressent moins que ceux de ses enfants, parce qu'aussi le portrait de l'étranger exige de sa part une collaboration d'esprit
difficile à obtenir — l'accessoire durera plus longtemps, le
chien couché aux pieds du maître, le carton rempli d'estampes, le tableau pendu au mur et les beaux habits d'ap-
parat, qu'on met quand on va poser chez un peintre. Il avait
l'amour, il eut toujours l'amour des fleurs, des fruits, des
belles formes circulaires, des belles matières chaleureuses à
la caresse de l'œil et de la main, mais de plus en plus il aima
toutes ces choses pour elles-mêmes, de moins en moins il
consentit, quand un objet sollicitait son attention, à la disperser sur les objets voisins. Peu à peu, tout ce qui n'était pas
la forme essentielle à évoquer s'évanouit à la façon du souvenir. On verra l'influence des grands peintres de la matière,
très profonde au début, s'en aller lentement, se noyer comme
une forme disparaissant sous l'eau. Les accessoires reculent
au second plan, dans les coins noirs de la toile, une nature
morte, panier de fruits, touffe de fleurs, un verre qui n'est
plus même une tache, qui est un son dans la pénombre,
cristallin, transparent... Dans la profondeur du tableau,
c'est à peine si l'on verra trembler l'eau d'un miroir... Les
vases, les assiettes, les bouquets, les livres, les bronzes qui
çà et là remplissaient les vides dont il aimait à rendre la
matière à grandes coulées savoureuses s'imprécisent, se
perdent dans les fonds, ainsi qu'une fumée reprise par
l'atmosphère. Des toiles de 85 aux toiles de 95 on peut
suivre, année par année, leur effacement progressif, qui
semble aussi nécessaire que la reprise d'une apparence par
un élément éternel.

Pour juger du chemin parcouru, qu'on aille de son premier à son dernier portrait de M. Devillez, de 1887 à 1905. L'un est un sculpteur, avec le chien familier, la maquette du monument futur, le modèle qui se rhabille.

Étude.

L'autre est un homme, poussant au premier plan sa vieille mère qui va bientôt le quitter et qui pose sa main sur la sienne pour lui dire sa confiance en lui. Dans le premier, où il y a tout, une dispersion d'ailleurs harmonieuse de formes, de couleurs, de sentiments. Dans le second, où il n'y a rien — deux têtes, deux mains, — une concentration si forte qu'elle assure à ce groupe sévère la durée de l'esprit humain.

Un médecin a récemment accusé Carrière d'avoir un œil achromatique, c'est-à-dire impropre à percevoir les couleurs. Pour qui a suivi l'évolution de son génie, ce diagnostic ne laisse pas que d'être assez comique. Il est d'ailleurs la traduction pseudo-scientifique d'un préjugé très répandu, même parmi les peintres, et grâce auquel Carrière ne fut jamais accepté du grand public et fut toujours discuté par la plupart de ceux qui l'admiraient d'instinct ou allaient à lui pour suivre la mode. Ce préjugé consiste à croire qu'un peintre n'a pas le droit de voir une forme là où le spectateur ne voit qu'une couleur ou une association de couleurs.

C'est ce qu'on pourrait appeler le préjugé de la matière. Il a permis de reprocher aux Grecs la sculpture chryséléphantine et la sculpture polychrôme. On les accusait de colorier leurs formes. On accusa Carrière de ne pas colorier les siennes. Pourquoi ? Parce que les uns usaient d'une matière qu'on avait l'habitude de voir incolore et l'autre d'une matière généralement colorée. C'est dire qu'avec des caractères latins on ne peut écrire que du latin. Pourquoi ne permit-on pas à Carrière ce qu'on permet aux graveurs, aux dessinateurs, aux sculpteurs, la monochromie des gravures, des dessins, des statues ? C'est parce que jusqu'à Carrière on avait vu la peinture à l'huile servir d'instrument aux coloristes. Il fut victime des habitudes du public.

L'erreur est toujours la même. Le public, qui accepte la transposition gravée ou dessinée, et même, chose autrement audacieuse — mais si ancienne ! — la transposition verbale, ignore encore que la peinture est un langage, comme la gravure, le dessin et le verbe lui-même, et qu'elle ne sert pas au peintre à représenter la nature telle qu'elle est, mais à dire sur la nature ce qu'il sent et ce qu'il pense d'elle.

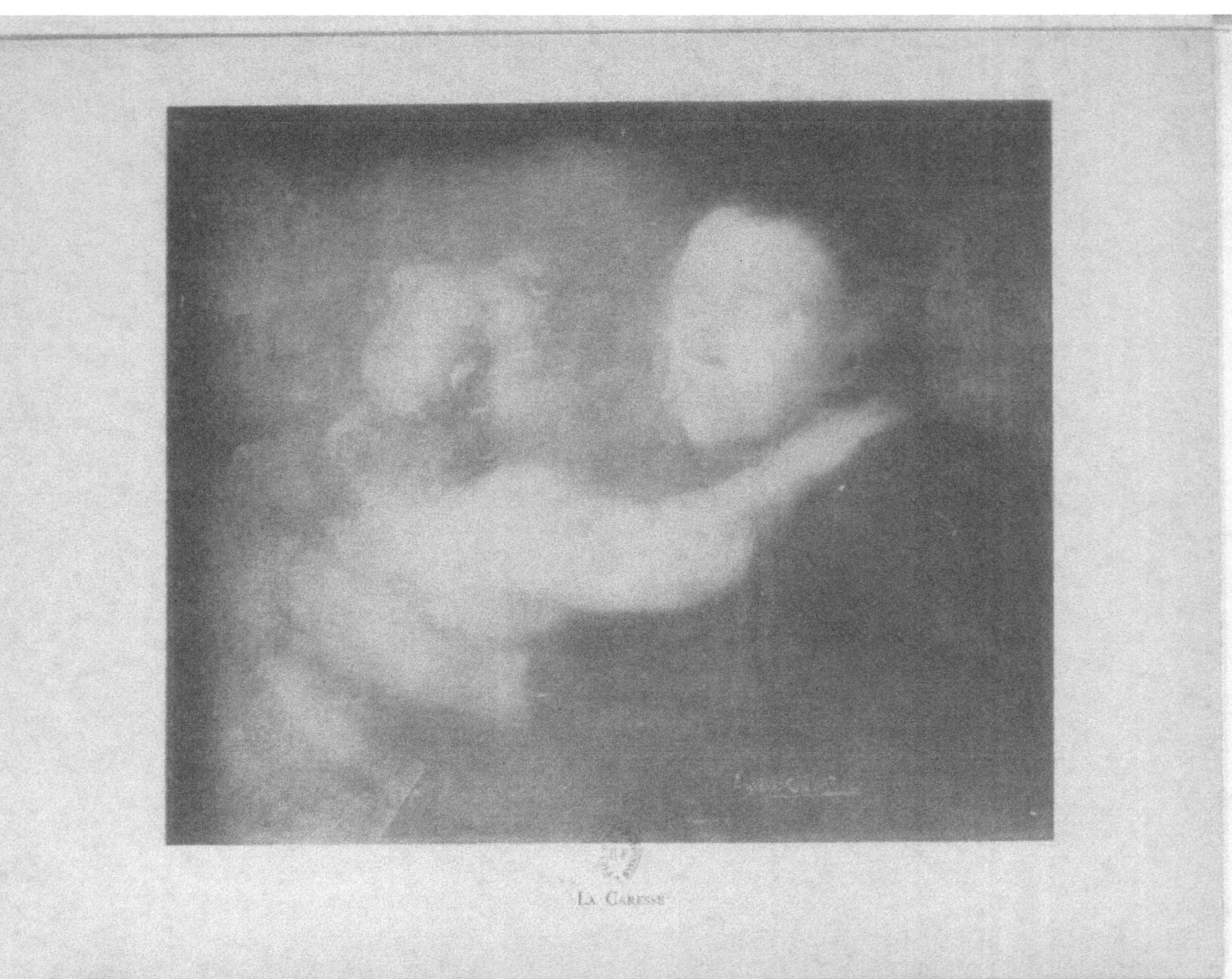

LA CARESSE

Carrière poursuivit sa route et confia au temps le soin de justifier son œuvre : "L'homme aime par habitude à vivre dans la confusion et passe sa vie à ruser avec la réalité. Dès qu'on lui parle d'une chose essentielle, il prend peur et

Croquis.

s'effarouche. Il se sent menacé dans son erreur qui est devenue sa seconde vie. Il lui faudrait tout recommencer, la force lui fait défaut…" (1).

Carrière méritait d'autant moins qu'on l'accusât d'être atteint d'achromatisme, qu'il fut un moment en passe de devenir un très grand coloriste. Mais, pas plus qu'aucun

(1) Eugène Carrière. — *Loc. cit.*

d'entre les hommes, il n'eut la liberté de commander à son
génie. Il faut suivre les pressentiments qui nous guident.
Notre volonté n'est pas faite pour les contrarier, mais pour
les seconder en écartant de la route qu'ils suivent tous les
obstacles qui s'opposent à leur réalisation. Vingt ans plus
tard, on eût couvert Carrière d'or, s'il eût consenti à refaire
les délicieux portraits d'enfants qu'il signa de 1880 à 1890.
L'eût-il voulu qu'il n'en eût pas été capable. Notre création,
c'est notre vie. Aujourd'hui elle est différente de ce qu'elle
fut hier, de ce qu'elle sera demain. Quand l'intervalle est de
vingt ans, nous avons perdu la mémoire des passages qui
nous ont conduit d'un échelon d'idée à un autre échelon
d'idée. Nous sommes une unité vivante nouvelle qui se
suffit à elle-même et qui parfois, bien qu'elle en soit sortie,
éprouve comme une révolte vis-à-vis des anciennes unités
vivantes qui l'ont précédée dans l'action.

L'évolution du génie de Carrière fut rigoureusement
logique. Des toiles de 85 aux toiles de 1905, des harmonies
de surface aux harmonies de forme, il y a tous les degrés
intermédiaires. La couleur pâlit peu à peu, peu à peu la
forme s'accuse. Du fond obscur de ses tableaux on voit
monter la forme, on voit la couleur s'évanouir dans cette
même obscurité. C'était le reflet fidèle de ce qui se passait
dans son âme, que les masses et les volumes emplissaient
d'images de plus en plus réalisées pour refouler dans le
lointain du souvenir le chœur graduellement effacé des
harmonies superficielles.

L'influence extérieure de Velasquez, à vrai dire, n'avait
pas duré longtemps. Beaucoup plus tard, Carrière devait

se rencontrer encore avec le grand maître Espagnol, mais
sur un tout autre terrain. Après 85 ou 86, il a définitivement renoncé aux virtuosités orchestrales. C'est toujours
sur des formes de plus en plus profondément indiquées
que les symphonies
colorées vont jeter
leur voile d'abord
opaque, puis trans-
lucide, puis léger,
aérien, subtil comme
une pensée. A peine
si la couleur survivra
à la disparition des
accessoires. Quel-
que temps encore on
la verra nuancer les
vêtements, agoniser
sur les cheveux, les
lèvres, après avoir
abandonné les meu-
bles, les cadres dans
l'ombre, les cuivres,
les natures mortes,
les fleurs atténuées.
Quand le plan

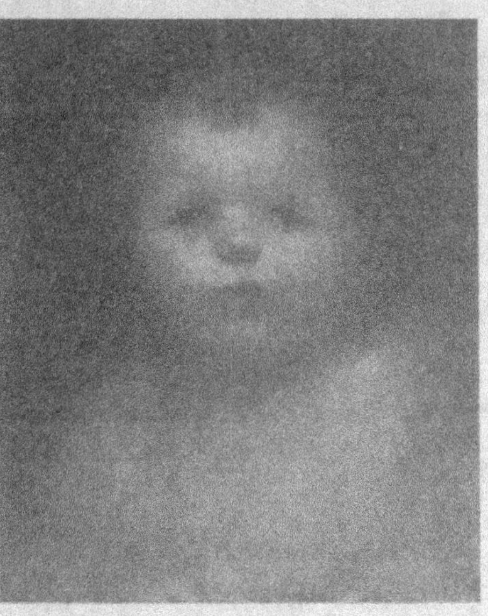

Étude.

sculptural apparaîtra, elle ne sera plus qu'un rapport
entre les rayons et les ombres, elle ne se manifestera
plus, selon l'inspiration du jour, que par deux gammes
monochromes, ou bien une nuée compacte pétrie de

matière perlée et de cendre crépusculaire, ou bien un
bloc d'or noir.

Il avait eu, entre 80 et 85, d'exquises mélodies colorées,
des visages d'enfants saturés de lumière, auréolés de
blonds, de roses et de gris, de rouges, d'ambres. Plus tard,
le soir s'amassa sur ces visages éclatants. On eût dit qu'une
onde intérieure brunissait d'or leur épiderme, déposait sur
leurs lèvres un flot rouge, épaississait d'encre les yeux.
Puis, à mesure que s'accentuait la construction profonde
des figures, les mélodies s'anéantirent dans l'accompagne-
ment des fonds.

Logis étroits où l'ombre rousse sature d'obscurité les
frais visages, les fleurs, les fruits, les plus somptueuses
étoffes, il orchestra vos sourdes harmonies, les hymnes
presque silencieux qui murmurent dans vos ténèbres.
Quand la lumière règne, les couleurs rayonnent autour
d'elle, elles envahissent l'espace. Quand elle va mourir,
les couleurs concentrent l'espace, les vagues de la nuit
entrent en elles, en font des foyers presque noirs où dort
toute la chaleur du soleil. Roses éteints, gris troubles,
violets, rouges profonds, fleurs sombres. Les harmonies de
Velasquez, les champs d'été trempés d'argent semblent
s'être enfoncés sous une eau que son épaisseur rend
obscure. Des sources de sang montent d'elle, troublent sa
transparence, errent sous sa surface en nuages amoncelés.
On ne sait pas, quand on se laisse pénétrer par ces harmonies mystérieuses, si celui qui les fit sortir de son cœur
les avait recueillies avec ses yeux, autour de lui, ou s'il les
avait entendues.

74

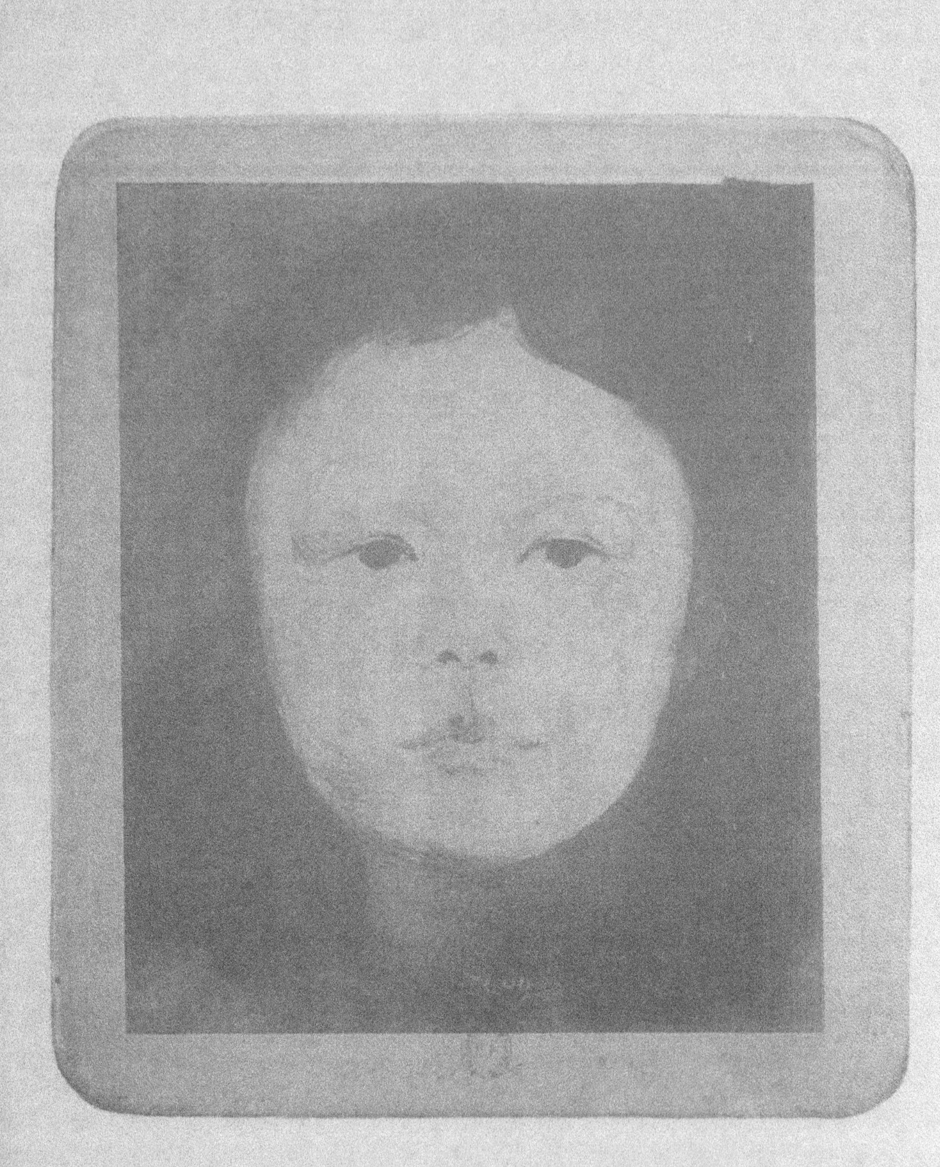

Étude

Pierre lithographique originale

Quand on étudie la vision de Carrière, et que, parti du
même point que lui, on marche à sa suite et jusqu'au bout
dans la direction qu'il suivit, on s'aperçoit qu'il devint de
plus en plus grand coloriste à mesure que sa peinture
devenait moins polychrome. Carrière s'attacha à donner
l'impression chromatique par la dégradation du ton
dans la profondeur du tableau, la qualité et les rapports
des noirs et des blancs dont les combinaisons allaient
bientôt constituer toutes ses ressources orchestrales.
Une teinte n'est rien par elle-même, elle emprunte
toute sa valeur à la nature des teintes voisines et à la
justesse des vibrations harmoniques qu'elle éveille sur
notre rétine. Du noir au blanc, en passant par la gamme
infinie des gris, on peut obtenir ces mêmes vibrations.
L'accord entre deux *teintes* disparu, reste l'accord entre
deux *tons*, le seul capable de modeler une figure dans
l'espace, et c'est précisément là le but que poursuivait
Carrière. Ce qu'il perdit en séduction, en abandonnant les
couleurs, il le gagna en force, et tous les joyaux qui fleu-
rissaient la surface de sa peinture, il les broya ensemble
pour la sculpter en profondeur.

Un jour, dans son atelier, nous discutions sur le pro-
blème de la forme. Carrière avisa une de ses filles, vêtue
d'un corsage voyant, et qui nous tournait le dos : « Voilà,
dit-il, ce qui me frappe, quand je regarde là ». Il appuya
une main sur la tête inclinée, une autre main sur les
épaules. Le corsage, la robe, la masse même des cheveux
relevés, je vis tout disparaître, tout rentra dans l'ombre.
Il n'y eut plus que deux plans lumineux, sûrs et larges,

et, au-dessus, une puissante rondeur pâle supportant la
sphère du crâne.

La couleur n'est qu'un attribut de la forme. Elle amorce
nos sens sur elle, elle nous permet de la suivre dans ses
détours. Mais, quand nous pénétrons sous son écorce,
nous tombons sur des plans arrêtés. Ce qui nous reste,
c'est la forme. Elle s'installe dans notre souvenir avec
l'indestructible puissance d'une réalité vraiment indépen-
dante de nous-même. La couleur change avec la hauteur
du soleil, les jeux de l'ombre, l'épaisseur de l'atmosphère
ou de la vapeur d'eau, la disposition de notre œil. La forme
reste. Elle est la vraie révélatrice de l'univers où nous
vivons, et c'est guidé par son enseignement que nous par-
venons à nous-mêmes.

La nature, elle, ne connaît ni la tache, ni la ligne, ni le
volume. La tache, la ligne et le volume ne sont que les
procédés de transcription par lesquels les peintres, les
dessinateurs, les statuaires tentent de nous la révéler. Mais
la tache n'est que la première impression colorée que nous
procure la surface des volumes et qui nous attire vers eux.
La ligne est pour nous un moyen d'arrêter les limites de
cette tache, mais elle n'a qu'une valeur conventionnelle
puisque l'atmosphère relie les taches les unes aux autres
par des passages continus et que la tache, pour constituer
le volume, s'enfonce dans la profondeur par dégradations
insensibles.

Au fond, ligne, tache et volume sont des mots inventés
pour faciliter nos échanges d'idées et n'ont d'existence
objective qu'à la condition de rester vis-à-vis les uns des

Femme se peignant.

autres dans un état de solidarité constante et de dépendance réciproque. Ce qui reste, c'est une masse enveloppée d'air de toutes parts et dont la lumière et l'ombre nous révèlent, en saillies, en enfoncements, en vides, la vie qui l'anime et la sculpte par le dedans.

C'est parce que Carrière passait, par delà la notion de la couleur, par delà la notion de la ligne, à la notion essentielle de la masse, qu'il abandonna nécessairement la ligne et la couleur pour s'attacher à exprimer, par la lumière et l'ombre, la vie des formes dans l'espace. Ce qu'on lui reprochait, au fond, ce n'étaient pas les découvertes qu'il faisait, — on ne les apercevait guère — c'est le langage dans lequel il transcrivait ces découvertes. Or, le fond des idées humaines est toujours le même, et, quelle que soit la voie suivie, les grands artistes aboutissent aux mêmes constatations. Ce qui les distingue, en dehors du choix qu'ils font dans le monde infini des formes qu'il s'agit d'exprimer, c'est précisément le langage qu'ils parlent. Il doit être aussi personnel, s'ils veulent pénétrer avec force au cœur de ceux qui les écoutent, que l'accent de leur voix, le regard de leurs yeux, la forme de leur front, puisque ce langage c'est leur vie même et son mode d'action sur la nôtre. Si Carrière a dit de grandes choses, son langage triomphera.

V

Quand on la regarde du dedans, l'évolution de cet
esprit, si consciente et si parfaitement logique qu'on
pourrait la suivre étape après étape, apparaît d'autant plus
digne d'être admirée que rien, hors de la vie intime, ni le
succès, ni les honneurs, ne semble avoir agi sur elle. Les
conseils des littérateurs, la protection des mécènes, l'avidité
des marchands, rien ne la fit dévier d'une ligne. Il sut toute
sa vie, avec un tact silencieux, faire la part des contin-
gences, consentir aux concessions de surface que nous

imposent les habitudes et les mesquineries d'une société
dont nous faisons malgré tout partie et que nous devons
bien accepter provisoirement sous peine d'être condamnés
par elle à la solitude, et par conséquent à la mort. Son
intelligence et sa foi le préservèrent du succès. Sa force
morale le préserva de la fortune. Nourrir, armer les siens,
son ambition n'alla pas au delà. La propriété, pensait-il,
pousse l'homme à se mettre en état de défense, à se fermer
aux autres hommes. Il ne voulut pas être riche.

Ses premiers succès, au reste, ne devaient pas marquer
le terme de son éducation de pauvre. Trois ou quatre ans
encore il connut les affres du terme, les misérables notes
qui traînent, l'encadreur qui réclame et qu'il faut faire
patienter. Son *Premier Voile*, que l'État lui acheta 1,200 fr.
ne le tira pas d'affaire. C'est la caisse de secours qui lui
versa cet argent, par acomptes trimestriels de 150 francs,
qu'il allait chercher « avec de pauvres vieilles qui venaient
toucher leur aumône » (1). Ce n'est qu'après l'Exposition
de 89, à propos de laquelle il fut décoré, qu'il commença
à vivre de son art. J'imagine qu'il reçut cette « distinction »
avec reconnaissance, comme il avait reçu, deux ans auparavant, une médaille du Salon. Il y avait en Carrière un
fond de candeur assez difficile à retrouver, derrière l'impres-
sionnante lucidité avec laquelle il jugeait les hommes et
les choses. Mais chaque fois qu'on parlait à son cœur, on le
trouvait confiant et désarmé. Jamais pensée basse n'effleura
son âme, c'est pour cela sans doute qu'il crut longtemps à
l'esprit de justice et à la vertu naturelle de la plupart de

(1) Gabriel Séailles. — *Eugène Carrière.*

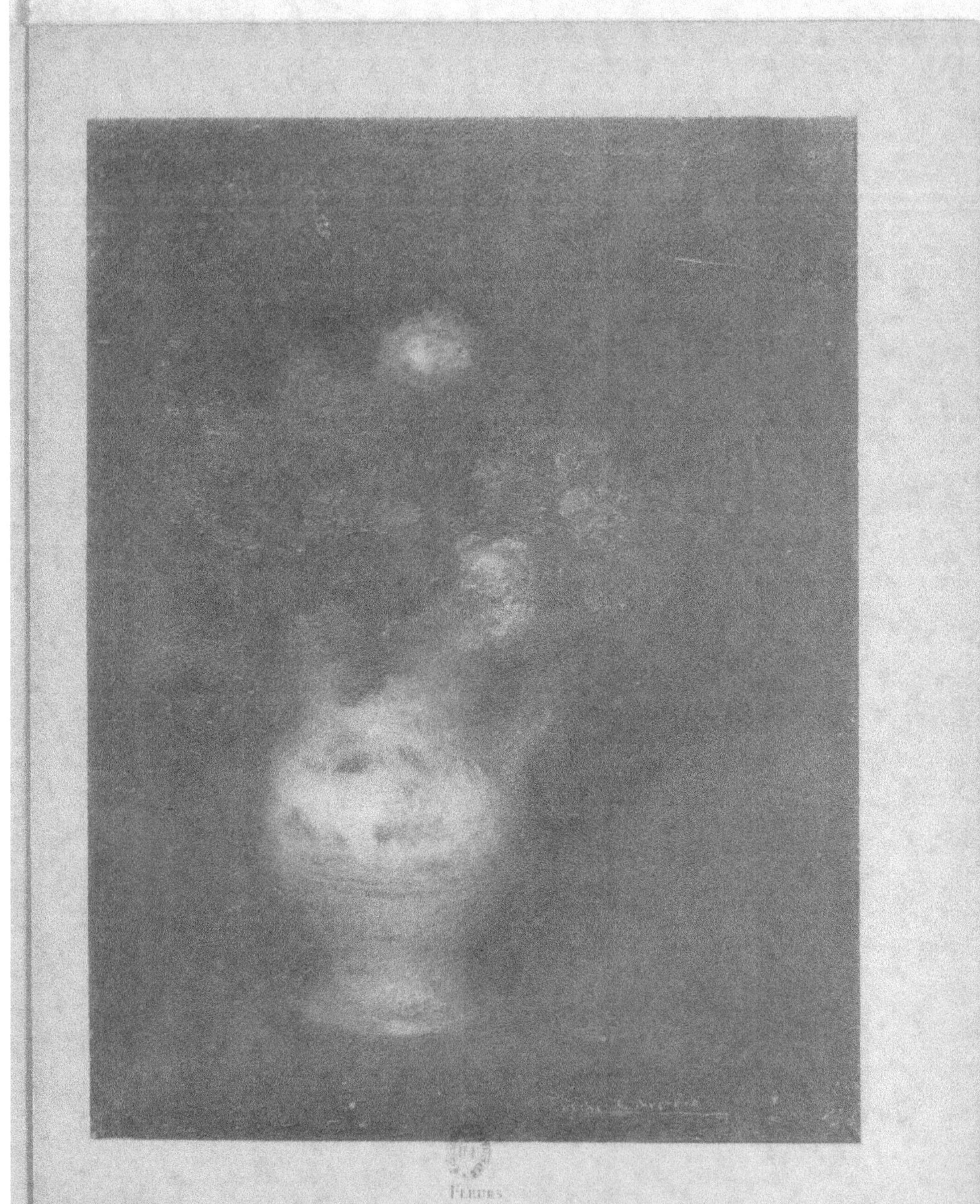

FLEURS

ses semblables. A cette époque, une récompense officielle
représentait encore pour lui une chose digne d'être honnê-
tement et sincèrement ambitionnée. Il ouvrit les yeux, plus
tard. La nécessité de se défendre lui révéla la vraie nature
de ceux qui s'agitent sur le devant de la scène sociale. La
fréquentation des milieux dirigeants, que tout entier à son

Croquis.

travail il n'avait encore regardé que d'un œil distrait, le
renseigna assez vite sur la valeur intellectuelle de leurs
louanges et la valeur morale de leur protection. Mais,
quand il sut à quoi s'en tenir, il était un peu tard pour re-
pousser les honneurs qui s'avançaient au devant de lui. Il
les reçut en homme libre, sans y attacher plus d'importance
négative que d'importance positive. Décoré, médaillé,
surdécoré, il resta Eugène Carrière.

D'ailleurs, il crut toute sa vie à la nécessité sociale des symboles. Dégagé petit à petit de toute espèce de croyance révélée, parvenu à cette sorte d'athéisme panthéistique qui est le refuge des poètes, il ne repoussait pas le baptême pour ses enfants, la première communion, le mariage à l'église. Ce n'était pas qu'il crût que les êtres de raison supérieure fussent seuls assez forts pour s'en passer. Il savait bien que les tuteurs faits pour soutenir les faibles deviennent trop souvent des armes pour les asservir. Mais il voyait dans toutes les cérémonies qui donnent aux enfants de la joie et sont pour les hommes une occasion de rapprochement, un instrument précieux de solidarité que nous n'avons pas le droit, quelle que soit son origine, de refuser de parti-pris. « Les hommes, disait-il, sont tous de pauvres bougres qui essaient de se tromper sur eux-mêmes » (1). Ce grand homme se savait lui-même un pauvre bougre, un peu mieux armé que les autres, sans doute, mais ayant besoin d'eux et trop heureux de les avoir, même infirmes et dégradés, pour faire la route avec lui.

Il avait, pour la masse anonyme des hommes, un immense amour instinctif, un immense mépris muet pour la plupart de ceux qu'il rencontrait. Le contraste était trop brutal entre la réalité et son désir. Mais il ne tomba jamais dans la misanthropie qui attend tant de cœurs chaleureux dépouillés de leurs illusions. Comme il arrive aux vrais poètes, la réalité ne faisait qu'exalter un désir toujours inassouvi. La conscience qu'il prenait peu à peu de son génie lui donnait l'orgueil de l'humanité et la foi en ses

(1) Lettre à M. Alfred Carrière.

Portrait d'Edmond de Goncourt

destinées. Il savait bien que la fleur n'a pas le droit de
reprocher aux racines qui la nourrissent de n'avoir pas
d'éclat. Malgré tout, il se sentait pétri du même limon que
les hommes, solidaire de leurs erreurs et reconnaissant
envers eux des enthousiasmes et des inquiétudes qu'ils
déposaient en lui sans le savoir.

Parmi les admirateurs qui lui avaient valu ses premières grandes œuvres, il y avait bien, cependant, quelques
hommes dignes de le comprendre, de devenir ses amis.
A ceux de la première heure, d'autres étaient venus se
joindre, Gabriel Séailles, Maurice Hamel, Gustave Geffroy,
dont la nature passionnée, sous sa mystérieuse enve-
loppe de mélancolie et de pudeur, était si proche de la
sienne, qu'il allait devenir son plus cher compagnon de
route. Geffroy le conduisit chez Goncourt, où Carrière
put rencontrer l'élite littéraire du temps, confronter avec
celle de quelques écrivains célèbres sa vision des choses, et
accroître très certainement la confiance qu'il prenait en
lui. Je me l'imagine très intimidé à sa première entrée dans
le concile, assez triste, mais très rassuré sur lui-même dès
sa première sortie. Ses quarante ans de pauvreté, son effort
silencieux, sa belle vie naturelle, tout ce qui lui avait fait
une foi, subit à coup sûr un rude assaut le jour où il se
trouva transporté sans préparation dans ce cercle médisant
de littérateurs désabusés. Les enthousiasmes de paravent du
« vieux gentilhomme de lettres » — qui, un jour, le com-
para à Gavarni ! — durent paraître assez pénibles, fort
minces et quelque peu truqués à cette profonde nature qui
puisait dans l'amour direct de la vie universelle, les forces

toujours renouvelées, toujours jaillissantes de son cœur.
Le « style artiste » n'avait rien qui pût séduire un homme
qui s'exprima toujours avec le lyrisme intérieur que ses
joies et ses douleurs d'homme avaient fait monter de lui-
même. Sans doute il consentit — le *Journal de Goncourt*
en fait foi — à distraire la galerie par quelques-uns de ces
mots terribles qui illuminaient une figure ou une idée d'un
éclair aveuglant. Mais dès qu'il se retrouvait devant sa
toile, le pinceau à la main, je crois qu'il respirait plus à son
aise et reprenait sa tâche où il l'avait laissée avec ce même
esprit de logique ardente qui caractérise les vrais peintres
et les vrais sculpteurs et que ne connaissent pas souvent
les écrivains, si prompts à s'égarer dans les subtilités et les
artifices du verbe.

Dans tous les cas, aucune cassure n'apparaît, aucune
tentative d'ordre littéraire, dans sa peinture de cette époque
là. Il est juste de dire que Goncourt, si maniéré que fût son
jugement, avait du moins un œil de peintre, qu'il aimait
les harmonies rares et les belles matières. Tout au plus
eût-il pu retenir l'artiste en des recherches de couleur et de
triturations de pâte. Mais ce n'est pas auprès de lui, l'un
des champions les plus têtus de l'objectivisme absolu en
art et en littérature, que Carrière risquait de perdre son
chemin. C'est peut-être même en ce milieu qu'il apprit à
connaître l'art contemporain véritable, en dehors duquel
il avait presque constamment vécu, n'étant guère allé,
quand il voulait voir de la peinture, que de l'Ecole des
Beaux-Arts au Louvre, du Louvre au Luxembourg et du
Luxembourg au Salon. C'est probablement là qu'il prit

contact avec l'Impressionnisme, avec l'art des peintres dits
naturalistes, là qu'il entendit, pour la première fois, prononcer le nom de Rodin.

Étude.

Il était trop loin des Impressionnistes pour risquer de
subir leur influence positive. Mais je pense qu'ils contri-

buèrent puissamment à le débarrasser des derniers préjugés
d'Ecole. Je l'ai connu, à leur endroit, dans une situation
d'esprit fréquente chez les hommes libres. Dès qu'on exaltait l'Impressionnisme en sa présence, il n'avait guère, lui
qu'attirait surtout la forme et la loi, que des critiques à
adresser à sa préoccupation exclusive de la lumière et de
l'accident. Dès qu'on le dénigrait, il défendait avec chaleur
son action libératrice. « Quand j'entends nier Dieu, a dit
Renan, je suis tenté d'y croire. Mais quand je l'entends
affirmer, je suis pris d'un doute invincible ».

Carrière avait trop aimé les belles pâtes, la saveur des
harmonies simples et des contrastes largement indiqués, il
aimait toujours trop les Espagnols, les Hollandais, les
Flamands, pour ne pas accepter Manet comme un maître,
quand on le fit entrer dans l'intimité de son œuvre. Mais
comme il se dégageait, à ce moment même, de la peinture
pour la peinture, Manet ne put agir sur sa vivante volonté
qu'en lui montrant que la vie matérielle du monde n'avait
plus besoin d'un interprète à son époque. Whistler dut affiner
son amour des symphonies atténuées. Il pénétra avec recueil-
lement dans les intérieurs de Fantin, sur la tombe duquel,
vingt ans plus tard, il devait prononcer de si fortes paroles.
Je crois qu'il ignora longtemps Cézanne, — dont je l'ai
entendu, pourtant, louer les natures mortes et les paysages
— et que l'écart était trop grand entre eux, quand la gloire
vint au peintre de Provence, pour qu'il pût admirer sans
réserve le génie somptueux et rude de ce grand primitif.

Il est possible que Renoir ait été, de tous les vrais peintres du temps, celui qu'aima le moins Carrière. A première
86

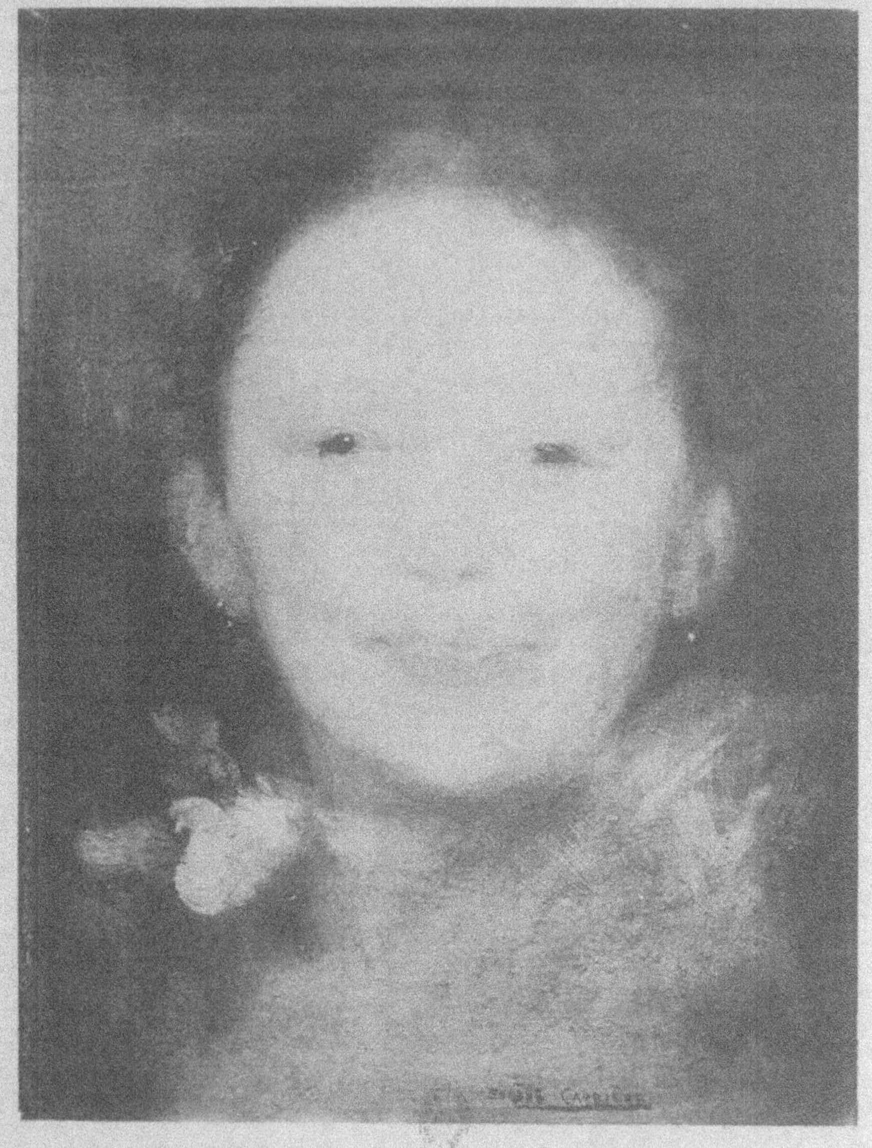

REUSE

vue, il y avait presque antagonisme entre eux. Carrière, de plus en plus, éteignait sa palette. Celle de Renoir devenait tous les jours plus riche, chargée de fruits, de sang, de matière céleste. Pourtant, ce sont peut-être les deux maîtres de la même époque qu'on pourrait rapprocher le plus logiquement. Qu'on regarde deux photographies de portraits d'enfants ou de nus, l'une de Renoir, l'autre de Carrière, l'une moins claire, l'autre moins sombre que la toile originale. Même compréhension des figures, larges, vibrantes, pulpeuses, des regards étonnés, même sens de la vie animale, même amour de la forme sinueuse et pleine, même modelé sensuel, bien que d'un sensualisme plus à fleur d'épiderme et plus instinctif chez Renoir, plus expressif et plus cérébral chez Carrière.

Quant à Rodin, plus âgé de près de dix ans, mais qui attendit le succès plus longtemps que Carrière encore, on connaît les liens d'admiration et d'amitié qui se nouèrent entre eux. Pas de manifestations artistiques où ils n'eussent la volonté d'être réunis, quand on faisait appel à l'un d'entre eux, et où leurs noms ne fussent acclamés dans la même espérance. Ils avaient des conversations admirables, dont quelques-unes ont été rapportées et où leur ardeur mêlée faisait jaillir, du choc de deux esprits qui s'abreuvaient aux mêmes sources, les intuitions révélatrices d'essentielles réalités. Le public allait bientôt s'habituer à les englober tous les deux dans la même réprobation, les artistes à les associer dans le même enthousiasme. A leurs yeux, ils représentèrent la même tendance, la recherche de la forme expressive, hors de tout sacrifice au pittoresque de

l'anecdote ou à la séduction de la couleur. Tous deux,
pourtant, étaient le crépuscule du grand sentiment romantique, de par leur amour pareil des saillies significatives et
leur lyrisme victorieux de la souffrance et de la joie. Tous
deux fermaient un monde, en ouvraient un autre. Ils furent
les deux génies plastiques les plus révélateurs du temps.

On a peut-être exagéré l'influence que l'art de Rodin
exerça sur l'art de Carrière. On n'a certainement pas assez
vu celle que l'art de Carrière exerça sur l'art de Rodin. Il y
eut pénétration réciproque, inconsciente sans doute, et
réponses très voisines aux interrogations d'un même temps,
d'un même milieu, d'une même atmosphère morale. Il y
avait chez Rodin plus d'instinct de la vie directe, chez
Carrière plus d'unité d'esprit. Rodin contribua probablement à révéler à Carrière la valeur du plan expressif. Carrière, avant Rodin peut-être, pénétra le sens des ensembles
et sut suivre la route abstraite par laquelle une forme
continue les formes voisines. Chez tous deux, dans un
même temps d'analyse dissociante et d'anarchie morale
nécessaire, il y eut un même amour de la force invincible
qui soude l'homme à la femme et la femme à l'enfant pour
recréer l'unité de la vie.

Il est rare qu'un grand artiste aime vraiment, de tout
son être, une autre œuvre que la sienne dans l'art contemporain. Il faut qu'elle soit si personnelle qu'elle constitue
quelque chose d'irrésistible et de fatal. Carrière possédait
une culture artistique trop affinée pour ne pas apercevoir
les qualités des autres, mais aussi une trop forte nature
pour ne pas leur préférer les siennes. Deux hommes seule-

ment, je le crois bien, lui donnèrent à son époque la sensation d'exprimer quelques vérités essentielles, Rodin et
Puvis de Chavannes; ce dernier, lui aussi, d'une âme trop
haute pour qu'il ne reconnût
pas en lui une puissance
inaccessible et nécessaire auprès de qui sa propre puissance
pût croître et s'affirmer, comme un élément naturel à côté
d'un autre. En dehors de ses
propres œuvres, il n'avait dans
sa maison qu'un bronze et un
marbre de Rodin et quelques
dessins de Puvis.

Il avait aussi un Watteau,
un admirable petit Watteau
de la série des toiles militaires,
gris, rose et bleu, acheté et
payé sou à sou à un ancien
camarade qui « n'aimait pas la

Étude.

vieille peinture ». Il racontait même que le jour où il alla,
assez mal vêtu et très intimidé, à la Bibliothèque nationale,
pour tâcher d'authentiquer sa trouvaille d'après les estampes du temps, le fonctionnaire qui veillait sur elles le
toisa et lui dit, avec une certaine pitié : « Cela ne vous
intéresserait pas ».

« Cela » l'intéressait. Il éprouva toujours pour Watteau,
pour sa passion mélancolique, pour cette humanité qui
tressaille et brûle sous le masque, une fraternité profonde.

Il venait, comme lui, des Flandres françaises; il avait eu
comme lui de durs commencements, comme lui il aimait
trop les hommes pour aimer le monde, il avait, comme lui,
l'âme trop somptueuse pour ne pas dédaigner le luxe.
Presque tous les très grands artistes ont au moins ceci de
commun. Les images qui les habitent sont trop belles pour
qu'ils éprouvent le besoin de s'entourer d'autres images.
On connaît la fin de vie de Rembrandt, oubliant la fortune
enfuie pour regarder au fond de lui-même, seul dans une
pauvre chambre, des formes s'illuminer. Claude Lorrain,
qui s'en fut à pied à Rome, avait dans l'âme un trop
éblouissant soleil pour voir si les parquets, les glaces et les
lustres brillaient autour de lui. Beethoven et Michel-Ange
vivaient comme des pauvres, et c'est dans un cachot
que Cervantès écrivit *Don Quichotte*.

Carrière, par goût et par principe resta, quand vint le
succès, dans la logique de sa vie. Son œuvre, aussi, resta
logique. Elle continua de l'exprimer. Quand il eut de quoi
vivre, il ne mentit pas plus que quand il était misérable.
Sa maison s'agrandit à mesure que s'agrandissait sa famille,
mais elle garda son aspect primitif, très simple, et même
assez bohême, rien que les meubles essentiels un peu à la
débandade, et les grandes études couvrant les murs, mystérieuses dans la sombre lumière. Ce n'était pas seulement
lui, c'étaient ses enfants dont le nombre s'accroissait, qu'il
avait la volonté de préserver du luxe. En 90, il avait déjà
cinq enfants vivants qui devaient, à mesure qu'ils gran-
diraient, se mêler de plus en plus à sa vie, participer de
plus en plus à son œuvre et recueillir l'enseignement de sa

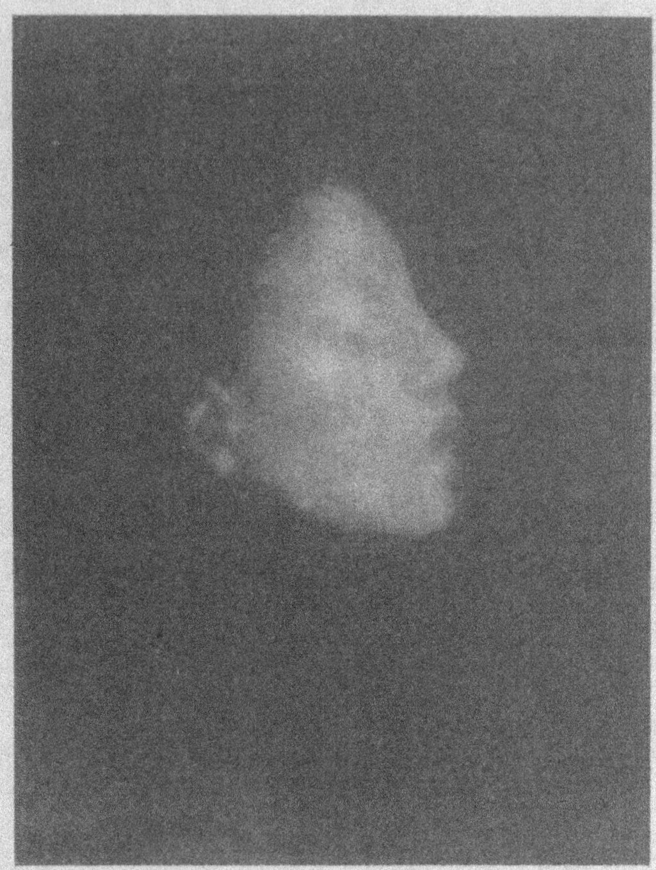

Lithographie.

pensée, de son action. Plus augmentait son amour pour eux, plus s'affermissait leur confiance en lui. Il leur retournait cette confiance. « J'ai eu une grande joie, l'ai-je entendu dire, le jour où je me suis aperçu que mon père n'était pas mort. Mon père est tout en moi. C'est moi ». Il se sentait non seulement accru, mais immortel en ses enfants. Il savait que la loi du monde exige, pour qu'il se maintienne, que le générateur passe à ceux qui sortent de lui un rajeunissement et un élan plus fort de sa puissance d'action. Il savait que cette loi souffre à tout instant des exceptions, mais il avait en l'esprit humain une foi trop robuste pour ne pas marcher vers son magnifique horizon la tête haute et sans se soucier des pierres et des ronces qui déchiraient ses pieds. Qu'importe, au fond, que l'avenir réponde ou ne réponde pas à notre espérance ? L'essentiel est de croire en lui, et, par l'effet seul de cette croyance, de le créer.

« Les enfants sont presque toujours beaux et les hommes presque toujours déchus. Pourquoi ? Je pense qu'on n'a pas permis aux enfants de regarder en eux ». S'il travaillait avec eux, s'il pensait tout haut quand ils étaient là, s'il les emmenait dans ses courses et ses voyages, il ne tenta jamais d'agir sur eux autrement que pour les aider à découvrir le chemin de leur vraie nature. La plupart d'entre eux devaient s'initier, à côté de lui, au langage muet des formes, prendre dans leurs petits doigts malhabiles le pinceau, le fusain, la terre à modeler, avant l'âge même où les autres enfants ouvrent un alphabet et tachent leurs mains d'encre. Plus tard, il devait les envoyer à l'école, y laisser ceux qui vou-

L'ÉTUDE

laient y rester, reprendre ceux qui préféraient travailler
près de lui. Il exigea même qu'ils se fissent inscrire aux
Beaux-Arts pour leur prouver qu'il ne leur avait pas menti
en leur dénonçant la stérilité de l'enseignement officiel.
Ils n'y restèrent pas trois jours.

Quand il eut l'occasion d'enseigner son art, — à partir
de 90 il devait avoir un nombre assez considérable et toujours croissant d'élèves, — j'imagine qu'il surprit fort ceux
qui sortaient des ateliers d'État ou des Académies offi-
cieuses. On ne les avait pas habitués à cette humilité
devant la nature. On ne leur avait jamais demandé d'attendre avec respect qu'elle consentît à parler. On ne leur
avait jamais dit que quand une femme se mettait nue, il
était choquant de ricaner, ou même de causer bruyamment
et d'affecter l'indifférence, qu'on devait lever les yeux sur
elle avec une tendresse anxieuse, dans l'attente des révélations que son corps pouvait vous faire. On leur avait
appris à placer « le modèle », à l'éclairer, à le dessiner
d'après des règles invariables. Il leur disait son horreur du
mot et de l'état d'esprit qu'il dénotait. Il leur montrait que
« le modèle » était une femme ou un homme. Il leur disait
qu'il fallait saisir la seconde où la forme éclairée éveillait
en eux un émoi et le désir vivant de le traduire. Il leur
démontrait qu'on ne dessine pas « bien » ou « mal », mais
« autrement », que le dessin n'est qu'une façon d'exprimer
la qualité de nos rapports avec l'objet qui nous intéresse,
et qu'il s'agissait de comprendre avant de parler. « Ingres
sait tout, me disait-il dans une de ces conversations écrites
qu'il eut dans les quelques mois qui précédèrent sa mort,

Ingres sait tout, Raphaël sent tout ». Toute son esthétique
est là-dedans.

Que la route est longue, entre ce Carrière-là et le
concurrent au prix de Rome et aux récompenses de Salon !
N'a-t-il pas pris le soin de nous le dire lui-même, dans les
très belles pages qu'il écrivit sur le prix de Rome (1) ?
Jamais homme, peut-être, ne donna l'exemple d'un élargissement d'esprit plus lentement, plus régulièrement progressif, plus appuyé sur le fond même de tous les actes de
sa vie. Lorsque, deux ans avant sa mort, il posait sa candi-
dature de professeur à l'Ecole des Beaux-Arts (en remplace-
ment de M. Gérôme !), il connaissait bien le sort qui l'attendait. C'était un acte de protestation morale qui ne fut certainement pas compris. Le groupe de professeurs et de fonction-
naires qui examina les candidatures, dut s'amuser beaucoup
de sa prétention (il eut une voix). A ce moment-là, il était
président du *Salon d'Automne*, et les jeunes peintres le
suivaient, parce qu'au lieu de leur parler peinture, il leur
parlait action et foi.

En 1890 déjà, il avait été des premiers, avec Puvis de
Chavannes et Rodin, à se détacher du vieux groupement
d'intérêts qui prétendait représenter officiellement depuis
un siècle l'art français — alors que l'art français, depuis un
siècle, avait agi entièrement hors de lui — pour fonder la
Société Nationale des Beaux-Arts. Il ne la quitta jamais
tout à fait, mais continua de vivre tandis qu'elle s'ossifiait
dans les formules issues des tendances qui l'avaient rendue
nécessaire. C'est le besoin même d'entretenir en lui cette

(1) Eugène Carrière. — *Écrits et lettres choisies.*

Lithographie.

vie par un effort toujours renouvelé — il disait qu'il est
« plus difficile de conserver que d'acquérir » — qui le
poussa plus tard à étudier sans parti-pris les manifestations
des *Indépendants*, dont les principaux exposants évoluaient
pourtant en dehors de son influence, et à consacrer les
réalisations qu'ils avaient apportées en prêtant au *Salon
d'Automne* l'appui de son nom.

En cette année 90, il sortait tout à fait de l'ombre et
dépassait le cercle des amateurs et des critiques pour entrer
dans le bruit des acclamations et des controverses. A l'inau-
guration de la *Société Nationale*, il exposait une toile
aujourd'hui illustre, *le Sommeil*, et, l'année qui suivit, les
trois portraits célèbres d'*Alphonse Daudet*, de *Paul Verlaine*, de *Gustave Geffroy*. En 1892, c'était la *Maternité*
du Luxembourg; en 93, les portraits de *Gabriel Séailles*,
de Mme *Ménard-Dorian*, de *Charles Morice*; en 94, une
préparation pour le *Théâtre de Belleville*, qui fut exposé
l'année suivante; en 96, le portrait lithographique d'*Edmond
de Goncourt*; en 97, le *Christ en croix*. C'est la période la
plus heureuse et la plus féconde de sa carrière, celle où il
s'empare résolument du moyen d'expression qui fixera dans
l'histoire des hommes sa personnalité définitive, celle où il
prend l'élan qui le conduira aux plus hautes réalisations de
la fin de sa vie trop tôt terminée et qui, jusqu'à la dernière
minute, fut une ascension sûre dans la lumière de l'esprit.

Deux fois, au cours de cette période de conquête,
Carrière jugea nécessaire d'exposer un ensemble d'œuvres
suffisant pour qu'on pût suivre le cours de son évolution.
La première fois, ce fut en 1891, chez Valadon, où Geffroy

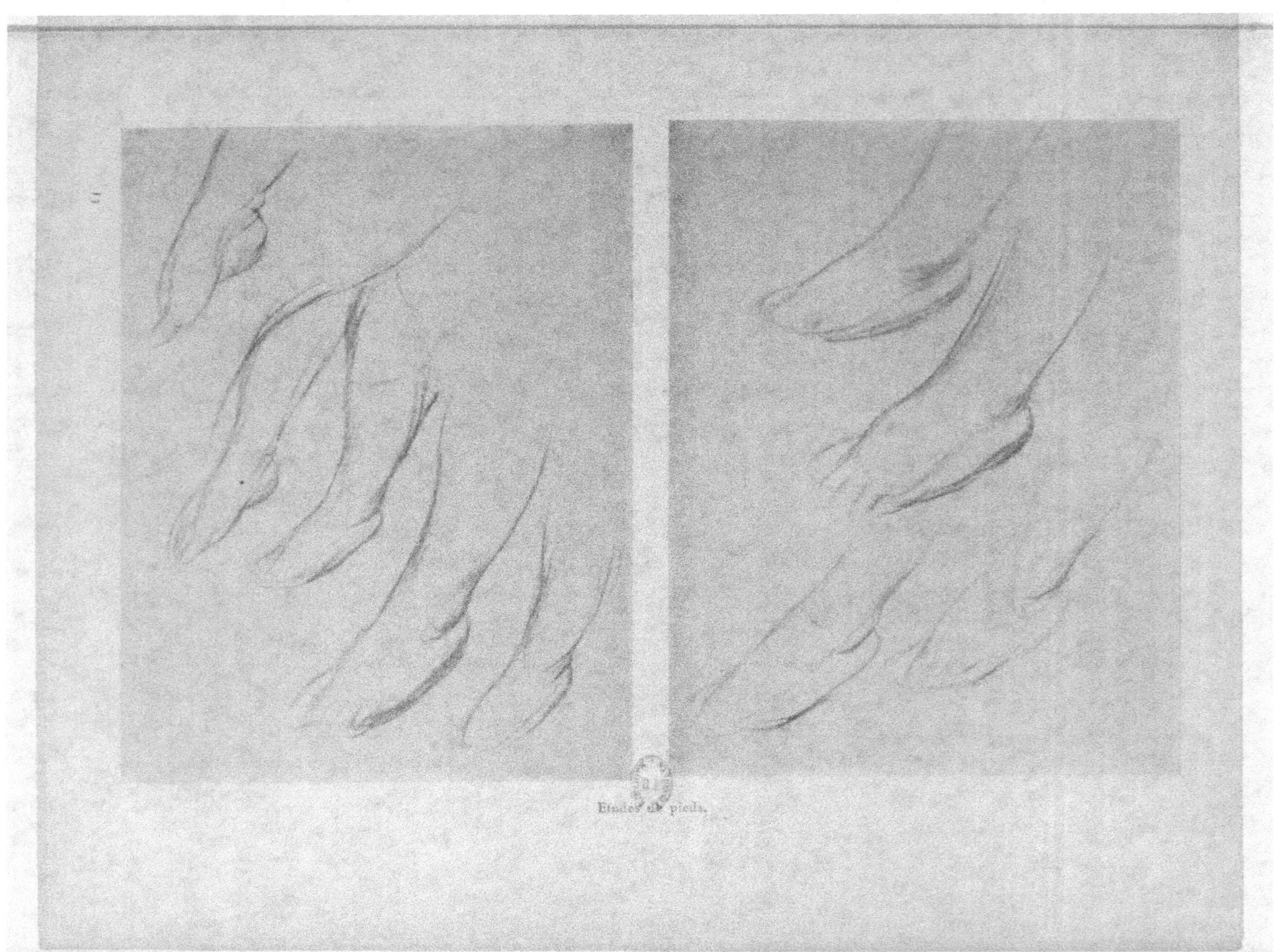

Études de pieds.

le présenta au public dans une préface émouvante. La seconde fois, en 96, au Salon de l'Art nouveau, où il tint à dire lui-même d'où il venait et où il allait. Cette page est devenue célèbre :

« Dans le court espace qui sépare la naissance de la mort, l'homme peut à peine faire son choix sur la route à parcourir, et à peine a-t-il pris conscience de lui-même que la menace finale apparaît.

« Dans ce temps si limité, nous avons nos joies, nos douleurs ; que du moins elles nous appartiennent ; que nos manifestations en soient les témoignages et ne ressemblent qu'à nous-mêmes.

« C'est dans ce désir que je présente mes œuvres à ceux dont la pensée est proche de la mienne. Je leur dois compte de mes efforts et je les leur soumets.

« Je vois les autres hommes en moi et je me retrouve en eux ; ce qui me passionne leur est cher.

« L'amour des formes extérieures de la nature est le moyen de compréhension que la nature m'impose.

« Je ne sais pas si la réalité se soustrait à l'esprit, un geste étant une volonté visible ! je les ai toujours sentis unis.

« L'émouvante surprise de la nature aux yeux qui s'ouvrent sous l'empire d'une pensée enfin voyante, l'instant et le passé confondus dans nos souvenirs et notre présence... tout cela est ma joie et mon inquiétude.

« Sa mystérieuse logique s'impose à mon esprit, une sensation résume tant de forces concentrées !

« Les formes qui ne sont pas par elles-mêmes, mais par

leurs multiples rapports, tout, dans un lointain recul, nous
rejoint par de subtils passages ; tout est une confidence qui
répond à mes aveux, et mon travail est de foi et d'admiration.

« Que les œuvres ici présentées un peu témoignent de
ce que j'aime tant » (1).

D'où vient la beauté mystérieuse de cette page ? Cela est
obscur, d'une langue confuse, parfois même incorrecte,
sans liens apparents d'une idée à l'autre. Mais une clarté
sourde l'illumine par le dedans, ses liens sont souterrains
comme des racines. Elle se concentre en profondeur pour
laisser entrevoir sous le flottement et l'ondulation de la
surface, comme un bloc plein d'où rayonne en sensualité,
en amour, en intelligence, une âme toute puissante et une.
Quand ils lurent ces lignes, ceux qui ne connaissaient
encore que le grand peintre purent pressentir le grand
homme.

L'unité d'une vie en fait la force. Quand l'homme qui
sent, l'homme qui pense, l'homme qui agit ne font qu'un,
il exerce sur les autres un invincible pouvoir. Carrière
peintre, ce fut Carrière époux, père, homme social. L'artiste
qui s'enferme dans une tour d'ivoire disperse sa vie, puisqu'il cesse d'être, dans sa tour, ce qu'il est hors de sa tour.
La dispersion apparente de l'artiste qui, dans son art
comme hors de son art vit en homme, aime les hommes,
parle aux enfants, fait action morale et sociale dans
l'association humaine, dévoile au contraire une concentration d'esprit dont tous ses gestes extérieurs sont l'image

(1) Eugène Carrière. — *Écrits et lettres choisies.*

vivante. Quand, en 1897, éclata l'affaire Dreyfus, on reprocha aux « intellectuels » de se mêler de ce qui ne les regardait pas, comme si la spécialisation professionnelle rétrécissait à sa mesure nos facultés de jugement, comme s'il était interdit à l'homme d'écouter l'homme et de lui répondre quand il n'est pas vêtu ou ne parle pas de la même façon que lui. Carrière fut de ceux qui entrèrent dans la lutte sans une hésitation, simplement pour se conformer à la logique de sa nature. Il savait que chacune de nos minutes prépare la minute suivante et que la conscience de cet enchaînement est tout l'héroïsme humain. Il eût menti à toute sa vie antérieure s'il n'avait entendu ni le cri de la souffrance, ni la voix de la raison. Et s'il n'avait pas respecté le sens même de son être, toute son œuvre future était frappée de mort.

Il eut d'ailleurs le réconfort de retrouver à ses côtés presque tous ses amis. Cela dut accroître sa force de combat et de création, de voir qu'il ne s'était pas plus trompé sur eux qu'ils ne s'étaient trompés sur lui. Comme à la plupart de ceux qui s'y mêlèrent activement, sans arrière-pensée politique, « l'Affaire » lui fit du bien. Elle l'obligea à descendre en des régions de lui-même qu'il n'avait jamais explorées, à définir des sympathies et des antipathies d'instinct qu'il n'avait jamais analysées, à mettre à leur plan les choses de conscience, à rattacher au même centre toutes les directions de l'âme humaine. Il y gagna un élargissement immense de son esprit critique, qui, loin de nuire à son esprit créateur, le débarrassa d'une foule de tares d'éducation et d'idées préconçues qui lui paralysaient les ailes.

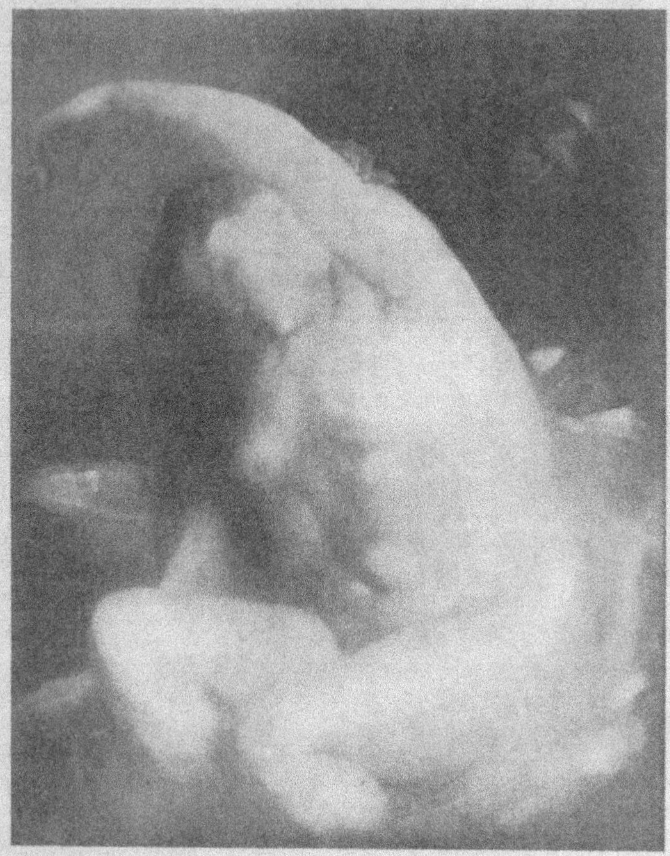

Après le Bain.

Quand la tourmente s'apaisa, il s'était libéré de bien
des préjugés moraux, il n'avait pas acquis un seul préjugé
politique. Il resta maître de lui-même, hors de tout groupe,
de tout parti, libre d'agir à l'heure de son choix. Il garda
cette pudeur supérieure qui fuit les triomphes bruyants et
répugne aux popularités vulgaires. On essaya souvent de
l'entraîner dans toutes les manifestations déchaînées par la
crise d'humanitarisme un peu agaçante qui suivit la lutte.
Il ne se livra que quand il le voulut bien, et chaque fois
qu'il se livra, il tint à définir par la plume ou la parole le
sens qu'il entendait donner à son action.

C'est en pleine « Affaire » que Carrière avait fui définitivement les déserts de la rive gauche pour venir habiter
aux environs de la place Clichy. Tous les actes de sa vie
commençaient à devenir si étroitement solidaires les uns
des autres qu'il est impossible de ne pas voir dans ce chan-
gement d'habitudes une sorte d'acte de foi. Il est remar-
quable que la plupart des conteurs d'anecdotes s'enferment
dans la solitude et que les généralisateurs aillent vers le
tumulte. C'est que les uns ne perçoivent dans l'univers que
quelques rapports superficiels, toujours les mêmes, entre
lesquels ils ne savent d'ailleurs pas choisir et qu'ils n'ont
pas besoin de rafraîchir et de renouveler. Les autres s'en-
foncent tous les jours plus avant dans les forêts inconnues,
l'univers leur apparaît tous les jours plus complexe, les
rapports se multiplient et s'enchevêtrent, tandis que la
force de l'intuition fixe invinciblement leur choix. On
dirait que les uns fuient la nature, fuient la foule pour ne
pas noyer dans un nouvel afflux de formes et de faits les

mille petites images isolées sous lesquelles ils se les repré-
sentent. On dirait que les autres cherchent la foule et la
nature pour justifier tous les jours davantage, au contact

Dessin.

de formes et de faits nouveaux, la grande image synthétique qu'ils s'en font.

Carrière, à cinquante ans, se déployait en tous sens,
comme un arbre. Ses pieds tenaient ferme à la terre, tous les
souffles, toutes les rumeurs de la vie l'environnaient. Père

de six enfants, il les voyait grandir autour de lui, échanger
leur vie avec la sienne, puiser dans son cerveau les vérités
qu'ils faisaient entrer en son cœur. Il les menait au travers
du monde, se plongeait avec eux dans le flot des rues, dans
la paix des paysages, cherchait toute la volupté de vivre
dans le contact toujours plus passionnément désiré des
grandes forces élémentaires dont notre esprit est le reflet.
Au seuil de ses réalisations les plus élevées, comme s'il
avait pressenti que sa vie ne durerait plus guère, il était
pris d'une ivresse puissante qu'il communiquait dans
l'ardeur de son regard et l'entraînante beauté de ses actes,
à tous ceux qui l'approchaient. Il travaillait avec fièvre —
« comme on fait la noce » a-t-il dit, — puis, brusquement
jetait le pinceau, gagnait la rue, prenait un bain de vie ou
s'en allait confronter l'image qu'il se faisait des formes
humaines avec les formes de la terre. Il passait des semaines
au bord de la Marne, en Bretagne, à Bruxelles, à Mons,
dans les Pyrénées. C'est surtout à cette époque, comme s'il
se fût aperçu qu'il entrevoyait quelques vérités éternelles,
qu'il sentait la nécessité de demander aux héros de son art,
dans les pays qui les avaient formés, le réconfort de leur
approbation. Il allait voir Rubens en Flandre, Rembrandt en
Hollande, Durer en Allemagne, Holbein en Suisse, Giotto,
Masaccio, Michel-Ange, Raphaël en Italie, Velasquez en
Espagne, pour reprendre, la minute après son retour, sa toile
où il l'avait laissée, dans un enthousiasme multiplié et prêt
à répandre sur elle toutes les fleurs poussées sur les grands
souvenirs. A son action de père, à son action d'artiste, son
action d'homme se mêlait. Au Louvre, au Muséum, sa parole

Le Baiser du soir

confuse et sûre traduisait le langage des formes à des audi-
teurs passionnés. Il rêvait d'une sorte d'Institut libre où
l'on eût appris aux jeunes artistes, non plus à s'exprimer

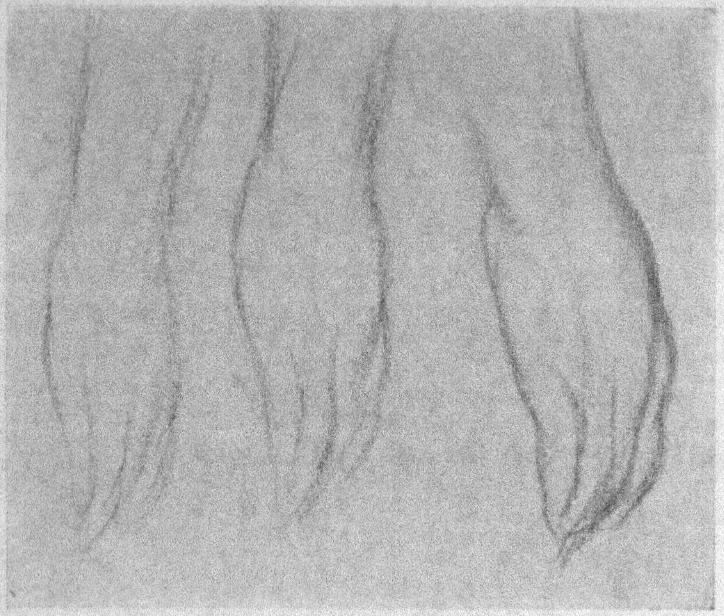

sur un univers qu'ils n'avaient pas encore regardé, mais à
connaître la matière même de cet univers, ses éléments
premiers, sa structure, son histoire à travers les temps. Il

écrivait les idées générales que l'amour du monde des
formes avait fait lever dans son esprit. Il parlait contre la
guerre, contre la dispersion et pour la réunion des êtres.
Il ramenait aux sources de la vie ceux qui s'en écartaient.
Son action morale prenait une force d'entraînement qui
soulevait autour de lui l'enthousiasme reconnaissant des
hommes. Il devenait un de ces rois de passion et d'intelligence qui versent l'idéal vivant à ceux qui ne croient plus
aux dieux.

VI

C'est par le brouillard qui voile la surface de ses tableaux
que la plupart des admirateurs et tous les détracteurs de
Carrière ont défini sa personnalité. Les premiers n'ont pas
toujours vu, les seconds n'ont jamais compris que cette
brume d'or qui flotte n'était là que pour faire valoir les
formes qui transparaissaient au travers d'elle, comme les
sommets et les flancs des montagnes entre les déchirures
des nuages. Nous ne percevons guère dans le monde que
l'accident et le détail. C'est comme une photographie que

nous regardons une toile, et c'est précisément alors qu'on ne nous montre que des choses essentielles que nous refusons de les voir. On vit le voile de Carrière, on ne vit pas les plans qu'il contribuait à révéler.

Libéré tout à fait de l'anecdote, dégagé de la couleur pour la couleur, sans autre intermédiaire entre la forme vivante et l'image qu'il s'en faisait que sa seule émotion humaine, Carrière allait être conduit à ne plus voir devant lui qu'une masse dont l'ombre et la lumière accusaient les saillies et les creux. Né peintre, il arrivait à comprendre en sculpteur.

Alors que la couleur fuyait sa maison, fuyait son âme, la lumière, toute la lumière, du soleil à l'obscurité, y pénétrait pour devenir sa plus fidèle amie. Elle s'insinuait entre les formes qu'il adorait, elle les accompagnait, les sculptait, elle les animait ou les dissimulait, comme si elle était la propre pensée du poète. Rembrandt enfonçait un rayon jusqu'au cœur des ténèbres. Carrière prenait les ténèbres et les faisait tomber sur des blocs lumineux pour en cacher tout ce qui pouvait nuire à leur force expressive et laisser voir tout ce qui l'accroissait. Il s'apercevait que la vie d'un objet nous est révélée par les plans qui le déterminent dans l'espace, et qu'à la condition d'indiquer fortement ces plans, on pouvait rejeter tout le reste dans l'ombre. Désormais, la tache claire arrêterait les yeux sur les saillies significatives, un voile flottant et translucide emplirait les fonds, noierait les détails inutiles, tous les tons intermédiaires du blanc au noir uniraient par dégradations insensibles les volumes superficiels aux volumes

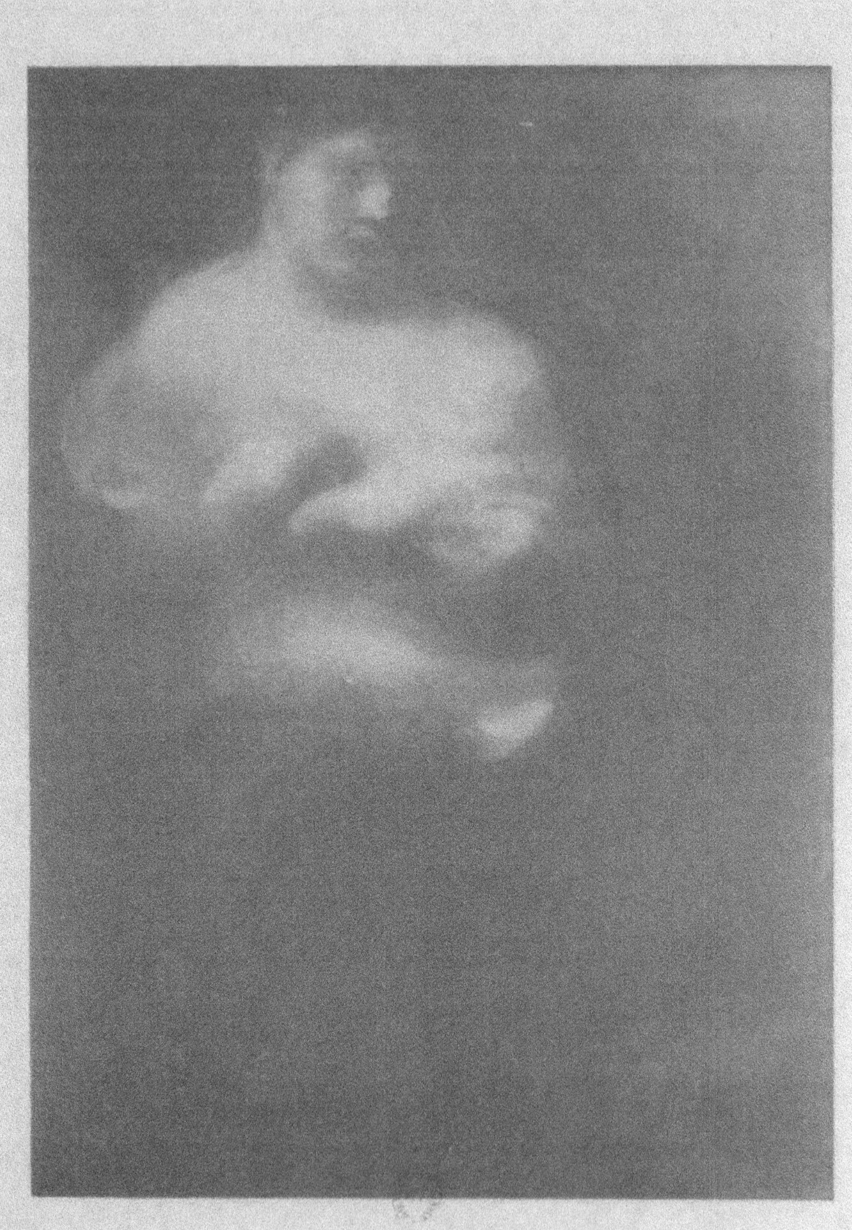

La Madone

profonds, et les cimes de l'expression apparaîtraient seules, éclatantes, obsédantes, éternelles pour celui qui les saurait voir.

Dans ses dix dernières années, Carrière commence à dominer sa forme d'expression. Réaliste passionné, ayant toujours repoussé « la littérature », décidé à ne jamais perdre le contact du monde objectif envers qui il ne cessa pas de proclamer sa reconnaissance, ce n'est que progressivement et par étapes invisibles, qu'il parvint à dégager de la forme quelques lois essentielles dont il devait désormais se servir pour exprimer ce qui était en lui. L'univers extérieur, l'univers intérieur fusionnèrent.

C'est dans l'objet qu'il trouva ses idées générales; jamais il ne les lui imposa, et si son langage, à la fin de sa vie, était devenu subjectif et profondément symbolique, c'est que l'étude fervente et jamais abandonnée des formes lui apprenait que le poète est celui qui sait réaliser, dans son expression, l'indissoluble accord de la nature et de l'esprit. « L'amour des formes extérieures de la nature, a-t-il écrit dans une de ces phrases fermées, circulaires pourrait-on dire, qui caractérisent son style, l'amour des formes extérieures de la nature est le moyen de compréhension que la nature m'impose ».

L'admirable, c'est qu'il forgea ce langage symbolique avec les formes les plus proches de lui, avec les attitudes et les événements les plus ordinaires et ceux qui d'habitude prêtent précisément le plus à l'anecdote. Jamais le geste humain n'avait été épié pour lui-même avec cette sollicitude, ni décrit avec cette ferveur. Jamais lois plus universelles n'avaient été trouvées dans épisodes plus communs. Jamais un coup d'aile pareil n'avait emporté dans les hauteurs de leur esprit l'action quotidienne des hommes.

Jusque à lui presque tous les poëtes, dans presque toutes leurs créations, avaient appelé à leur aide une aventure historique ou sensationnelle pour faire entrer les sentiments les plus humains dans le cœur de ceux qui les écoutaient. Jamais encore aucun n'avait osé prendre exclusivement pour prétexte de son lyrisme la banale histoire de tous les jours. Rembrandt lui-même, qui fait si bien frémir la vie profonde, Rembrandt a presque toujours besoin d'un grand événement, d'une anecdote pittoresque pour manifester sa passion. Carrière trouve que le plus humble des actes de la vie est un immense événement. Il est par là le vrai peintre d'histoire puisqu'il raconte aux hommes ce qu'ils n'aperçoivent jamais, la trame même et l'essentiel de leur aventure éternelle.

Dans l'âme du poëte, tous les sentiments naturels s'organisent en passions, dont le rôle, s'il veut bâtir œuvre qui dure, est d'appeler tout ce qu'il a de volonté à les utiliser pour l'accroissement et le soutien de sa puissance créatrice. La passion de Carrière, ce fut la famille et l'enfant.

Phénomène assez peu fréquent chez l'artiste qu'attire en général l'amour tyrannique et désintéressé de la vie universelle et qui ne voit ses propres enfants qu'à travers elle. Carrière, lui, la vit à travers ses enfants. Sa pauvreté, ses luttes, ses souffrances, toutes ses heures employées à travailler pour eux, à les soigner, à partager avec leur mère le fardeau, tout cela fit que peu à peu, au lieu de le

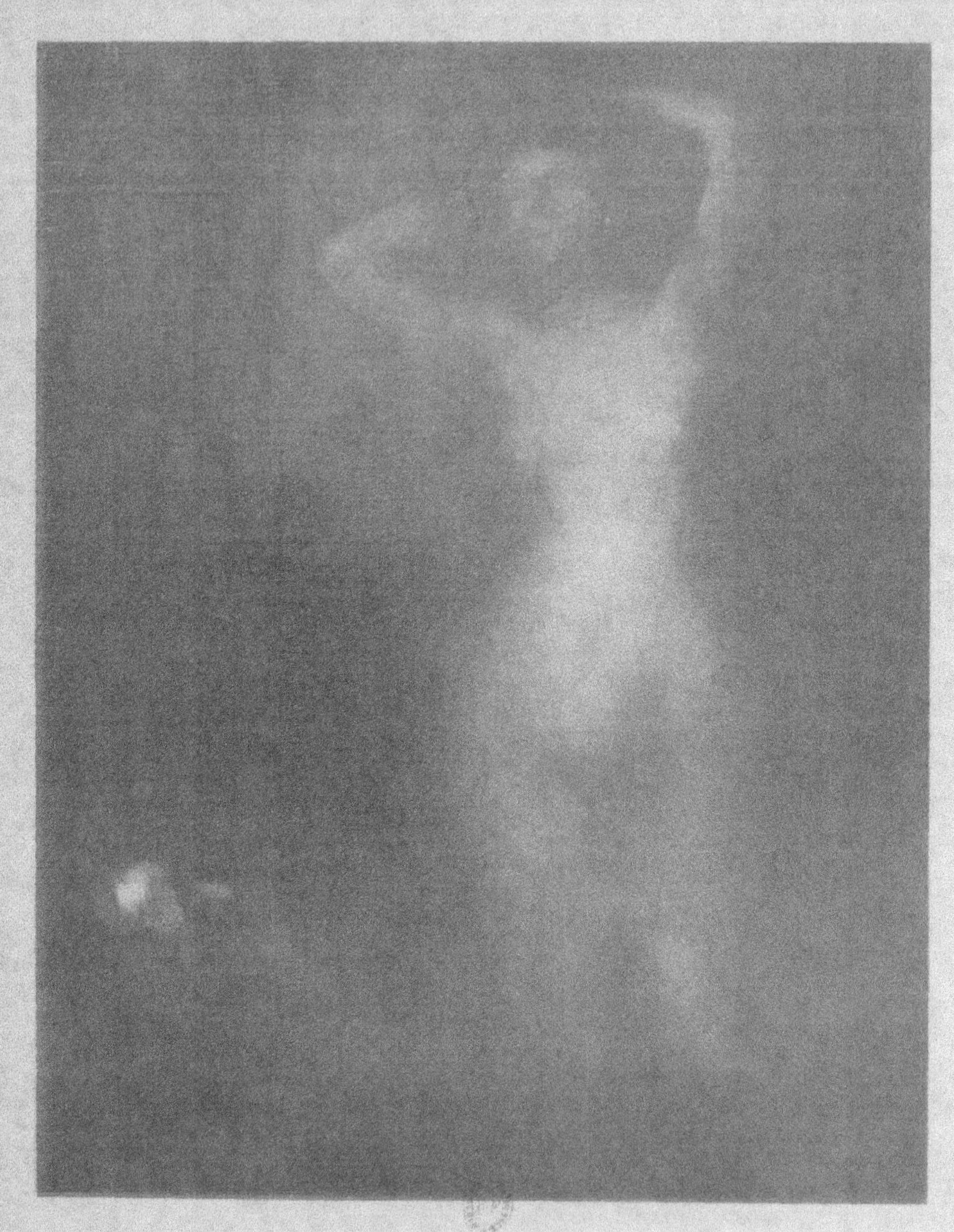

FEMME NUE

disperser dans la nature extérieure, il concentra sur sa famille tout son instinct généralisateur. De là toute son œuvre, qui fut sa vie.

Tout s'y trouve. On la dirait logiquement ordonnée, déployée comme un monde, de la femme jeune et nue qui maintient l'espèce et la concentre, à la figure du savant, du poète qui orientent et élargissent son action, au paysage terrestre où cette action s'accomplit. La mère qui nourrit l'enfant, l'enfant lui-même, ses premiers pas, sa croissance, sa marche vers l'intelligence attachent, par tous les chaînons intermédiaires, les flancs de l'amoureuse au front du créateur.

C'est peut-être quand il s'agit de « peindre un nu » qu'on sent le plus peser sur l'artiste contemporain la tyrannie du modèle. Nous ne savons plus voir l'héroïsme de la forme sans voiles. Venise morte, on dirait que toute la noblesse des peintres s'est employée à révéler la figure humaine ou le paysage. Quand ils regardaient une femme, ils n'en avaient qu'une vision directe, sans amour, brutale, souvent basse, ou d'un idéalisme de commande, mou et sucré. Quelques grands isolés à part, Poussin, Watteau, Prud'hon, il a fallu l'humanité ardente du xixᵉ siècle, sa générosité, sa fiévreuse recherche, pour qu'il aperçût, vers sa fin, alors qu'un peu las et douloureux il regardait la route parcourue, la grande forme toujours intacte qui assure la continuité de notre labeur, la source pure, la femme. Puvis de Chavannes en peupla ses bois d'oliviers, de lauriers et de chênes, Carpeaux se laissa pénétrer de sa tiédeur, Renoir la fit onduler avec les roseaux et les fleuves,

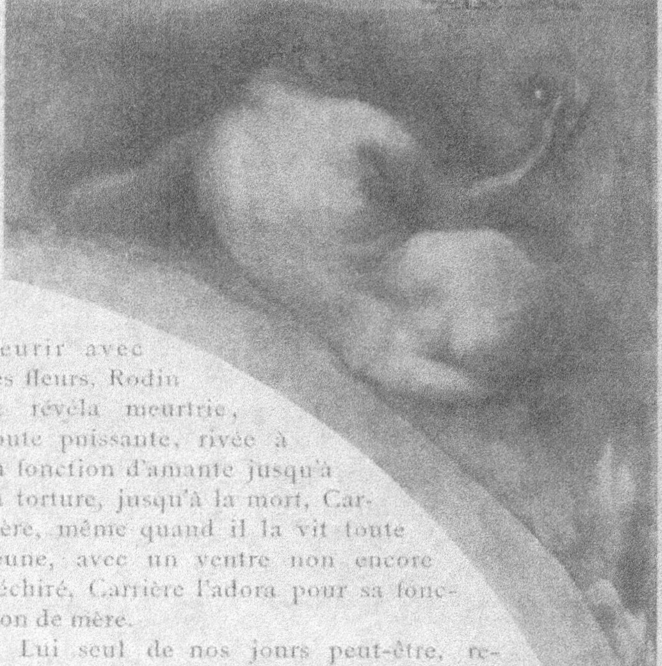

fleurir avec
les fleurs, Rodin
la révéla meurtrie,
toute puissante, rivée à
sa fonction d'amante jusqu'à
la torture, jusqu'à la mort, Carrière, même quand il la vit toute
jeune, avec un ventre non encore
déchiré, Carrière l'adora pour sa fonction de mère.

Lui seul de nos jours peut-être, re-
trouva la vision antique. Entre ses grands
nus du début, robustes, respectueux déjà,
certes, mais un peu extérieurs, où se sent la
double influence de Rembrandt et de Rubens, et ses petites

toiles de la fin, où, après avoir communié quelques années
avec Raphaël et Prud'hon, il rejoignait, par l'amour, les
peintres des hippogées d'Egypte et les sculpteurs du

Etude.

Temple de la Vic-
toire Aptère et des
sanctuaires indous,
il y a la distance
d'une croyance ir-
raisonnée à une re-
ligion consciente.
Quand il appro-
chait de la femme,
on eût dit qu'il fai-
sait silence. Il l'en-
tourait d'une brume
de perle et d'ambre
d'où le beau corps
paraissait naître
lentement. Il était
plein d'amour pour
elle, lorsque, le soir,
il la voyait ôter
comme une armure,
avec un geste sou-
lagé, le corset qui

porte le berceau et la nourriture des hommes. Son
œil accompagnait la lumière amoureuse qui, lorsqu'elle
peignait ses cheveux, partait de la nuque inclinée pour
suivre l'épaule et couler le long du beau bras jusqu'à la

main. Quand elle quittait sa chemise, l'univers se taisait, le geste qui lui faisait lever les bras était solennel comme un hymne... Quand elle était tout à fait nue il contemplait avec ferveur l'ascension glorieuse du torse, de l'angle mystérieux que fait le ventre avec les cuisses rapprochées aux beaux seins mûrissants où dort la vie.

Quand la femme reposait, il demandait à la douceur de la lumière de se répandre sur son sommeil, de sculpter le creux mouvant de ses reins ou le pli de sa hanche, d'autres fois la tête écroulée, la figure lasse, la poitrine toujours offerte. Contre elle, dans la chaleur de son grand corps, sur la saignée du bras vivant qui pendait hors de la couche, l'enfant dormait, les poings serrés, la tête ronde, évoquant confusément l'image, dans la lueur cendrée qui les baignait tous deux, d'un astre gravitant autour d'un soleil. Il sentait que l'enfant s'abandonnait absolument, que la mère veillait encore, qu'au premier cri, au premier mouvement, le sein se fût tendu vers la petite bouche, sans même que les paupières fatiguées se relevassent. Ce qu'il a écrit, au fond, sous la dictée de la mère et de l'enfant, c'est le poème d'une force.

Les saillies des fronts et des crânes, des épaules, des coudes, des mains, des flancs, des genoux, de tout ce qui se penche, de tout ce qui se noue, de tout ce qui soutient ou s'appuie, offre ou cherche un abri, voilà ce qui lui manifestait cette force. C'est l'amour invincible qui pousse la mère vers l'enfant, l'obscur et tout puissant besoin de protection et de nourriture qui pousse l'enfant vers la mère, qui révélèrent à Carrière le sens de la forme humaine et du

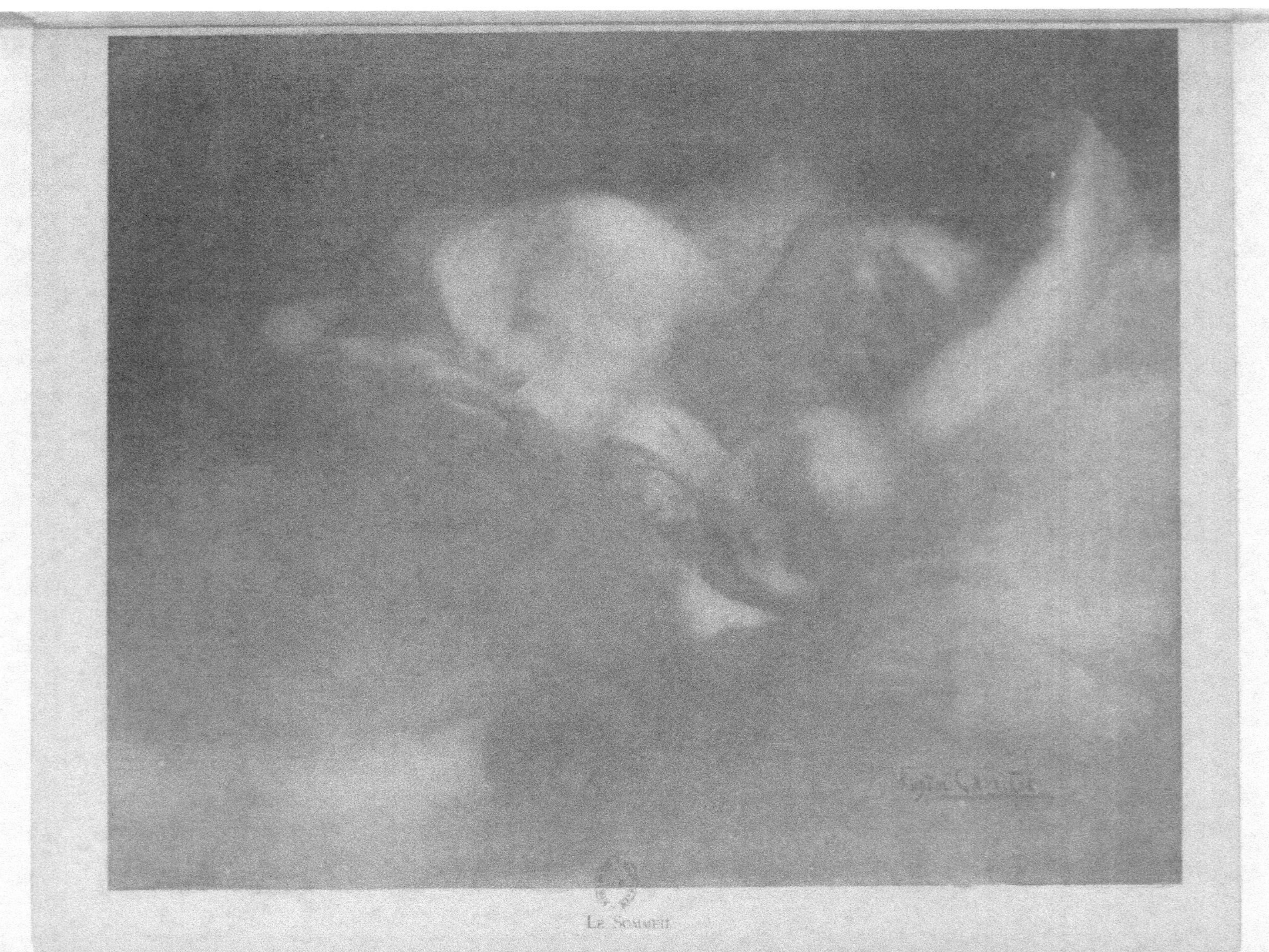

Le Sommeil

même coup l'avertirent que cette forme était sculptée par le dedans. En un éclair, il vit la loi d'harmonie essentielle dont la découverte transforme l'artiste en héros. Il vit que le geste avait toujours une signification intérieure et qu'une harmonie de tons et de masses était rigoureusement appelée par un phénomène moral qui lui correspondait. C'étaient la sollicitude et la faim qui déterminaient la beauté des valeurs et des volumes dans l'espace, et le plan expressif n'était que la rencontre du mouvement qu'il traduisait et de l'émotion du poète.

C'est là le centre de son œuvre. Elle en part toute, elle y revient toute. La moindre *maternité* de Carrière, sa moindre étude, son moindre dessin où la mère et l'enfant se confondent, enferme un poème cosmique. Les poèmes cosmiques qu'il ébaucha plus tard dans ses paysages enferment ses maternités. Que l'enfant soit au sein ou dorme sur les genoux de la mère, qu'il se rapproche ou qu'il s'éloigne d'elle, on sent toujours la présence du lien qui les attache l'une à l'autre. C'est lui qui noue autour du petit corps blotti les deux mains maternelles, lui qui fait épouser aux doigts réunis la rondeur du petit crâne, amène le sein à la hauteur des lèvres, hausse un genou pour que le torse puisse s'incliner à son aise, fait se pencher en avant les épaules et le front. Rien ne peut dénouer l'étreinte, ni la fatigue de tout un jour de peine, ni le sommeil, et l'inquiétude même ne la rend jamais plus étroite. Les membres enlacés, les grandes mains, les petits bras sont comme des lianes qui s'enroulent autour d'un arbre, d'un centre de vie plus profond. La passivité

maternelle est une action toute puissante et continue. La
mère est comme une source toujours ouverte et que rien ne
peut épuiser et dont toutes les soifs, tous les orages accrois-
sent la profondeur et la limpidité. Quand l'enfant quitte
le berceau que lui font les bras et les genoux, la mère reste
inclinée vers lui. Elle est le foyer central où s'attache encore
le plus jeune, mais qui réchauffe toujours les autres, retenus
dans son attraction. L'étreinte n'est pas dénouée. Même
quand le dernier né est suspendu à la poitrine, le cou se
tord pour promener tout autour la tête et les yeux, épier
les moindres appels, surveiller les moindres gestes. Carrière
a vu la mère donner à la fois sa mamelle à celui qui avait
faim, son épaule à celui qui avait sommeil, son front à celui
qui voulait y poser ses lèvres.

Elle est la racine qu'ils plongent dans la vie universelle
que leur transmet son lait du plus lointain passé des
hommes. A mesure qu'ils grandissent, on la voit monter
dans leur être, cette vie, fixer leurs traits, illuminer leurs
yeux. D'abord, toutes les formes des ancêtres hésitent en
eux. Ils sont un amas de chairs vagues, ils ont une forme
indistincte où tout le passé de la race, tout l'infini de la
nature errent confusément. Sur leurs traits brouillés, des
ressemblances furtives passent, de frères, de sœurs, de père,
de mère, de grands parents, des souvenirs d'animalité, tout
le long effort des générations disparues, comme des nuages
mouvants sur l'éternité du ciel. Les plans sont à peine
pressentis, la petite figure flotte. Les yeux sont vides, une
insondable tache sombre, le front bombé, le crâne nu n'enferment que des images imprécises, les lèvres et les joues

vivent seules, suçantes et pulpeuses, dans le visage trem-
blottant. Les doigts écartés, les petits poings se meuvent
par saccades ataxiques, au hasard, la faim même ne sait
pas les orienter. C'est souvent la bouche ou la poitrine
maternelle qui vient au devant d'eux, c'est leur frôlement

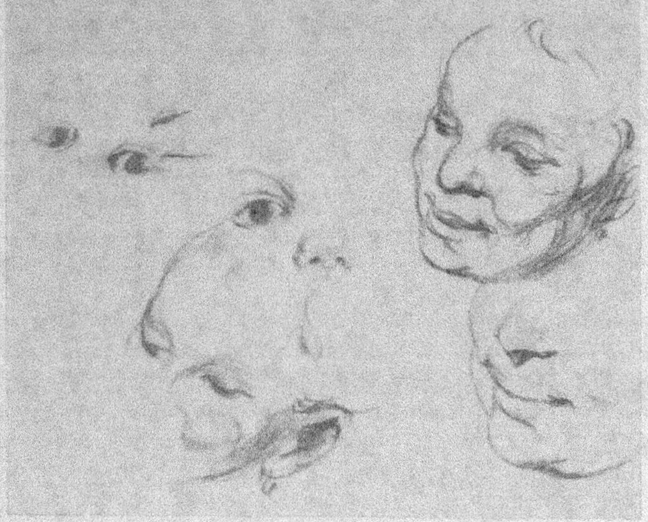

Dessins.

qui les ploie, les raidit, les ouvre ou les ferme. Pour les
petits, il n'est pas d'autre source de vie que la mère et l'air
respiré.

L'enfant grandit. Le front s'efface un peu, les cheveux,

117

autour du crâne, font une buée d'or, une lueur s'allume au
fond des yeux, la bouche se fait plus ferme. Quand il attend
le sein ou la bouillie, on sent en lui l'impérieuse présence
d'une impatience et d'un désir. Tout le petit corps tremble,
les bras, les jambes ont le même geste rythmique, la tête
s'agite avec frénésie jusqu'à ce que les lèvres aient rencontré
le sein ou la cuiller offerte. Les doigts tâtonnent moins
pour se poser sur la poitrine, la main, les yeux, la bouche
de la mère. Le petit sait déjà qu'elle est encore presque le
seul foyer de vie, qu'elle est seule à le comprendre, et, par
sa caresse confuse, il le lui dit.

L'enfant grandit. On dirait que la lumière universelle
s'amasse peu à peu sur sa figure pour le pétrir de son éclat.
Le regard est comme étonné, quelques lignes flottantes
indiquent sommairement la construction future du visage.
La lueur qui se lève en lui tente d'établir quelques rapports
élémentaires entre les apparences les plus grossières du
milieu où il vit. Attiré vers l'inconnu qui s'ouvre, l'enfant
quitte les genoux maternels, et, pour regarder devant lui,
soulève ses cheveux. Il regarde. La vie des êtres qui l'enton-
rent, les phénomènes de l'espace, le mouvement des foules
et le miroir des eaux, autant de merveilleux mystères qu'il
veut approfondir, se rendant confusément compte qu'il ne
peut trouver autre part l'explication des puissances profondes qu'il sent remuer en lui.

C'est l'épopée de la croissance humaine. Les premiers
pas, les premiers gestes conscients, l'éducation du mouvement, la faim, le jeu, l'attention, l'application gauche, la
recherche de la caresse, tout l'apprentissage balbutiant

qu'il faut faire pour marcher, pour saisir, pour manger et boire, pour lire, pour écrire, pour compter, pour retenir et comprendre, pour s'élever péniblement de l'instinct le plus obscur à la toute première aurore de la raison, Carrière a demandé de le lui dire aux petits êtres qui venaient de lui. C'est leur étonnement à vivre qui lui révéla à quel point la vie était émerveillante. Dans l'amour qu'il avait pour eux, il entrait de la reconnaissance. Ils lui apprenaient tous les jours que la véritable éducatrice de l'homme et de la femme est l'enfance, et que l'homme et la femme, au lieu d'imposer à l'enfance les traditions et les hérédités humaines qu'elle contient, n'ont qu'à se pencher sur elle pour les voir monter lentement vers plus d'intelligence et de liberté et leur indiquer la route.

Sur six enfants vivants, Carrière avait cinq filles, et c'est surtout en elles qu'il put suivre l'ascension de la vie. Il les vit passer de l'enfance incohérente et dispersée à l'âge de concentration où s'accumule la force et la chaleur qu'il faut pour être mère. Il vit la grâce vive et désunie de la jeunesse mûrir en elles et s'apaiser, en faire quelque chose de puissant et de plein, il vit leur corps devenir sinueux, leur cou flexible et fort, tout leur être fleurir. Il les assembla autour de la mère, les fit se pencher avec elle sur le dernier venu, la seconder dans son ouvrage, lui demander ce que serait leur vie future, ramener au centre commun ce qu'elles y avaient puisé. C'est sur leur face qu'il étudia le frémissement des joues et des lèvres, la courbe vivante de la bouche, qu'il vit les plans osseux émerger peu à peu, le caractère s'accentuer. Presque toutes lui ressemblaient.

Elles avaient ce visage mobile dont l'ardeur était comme
arrêtée par le silence tout puissant du front, des tempes, de
la mâchoire, de l'orbite. Si l'on regarde ses premiers portraits d'enfants, on voit que leur construction, ferme et
pure d'ailleurs, est presque exclusivement extérieure,
qu'elle est toute dans l'assurance et la précision du trait
marquant le contour du visage, des yeux, des lèvres, des
narines. Plus tard, cette fermeté de surface disparaît,
Carrière oublie les leçons de l'école, il regarde directement.
Alors, le visage est vraiment celui de l'enfance, il hésite et
flotte. C'est quand l'enfant grandit, quand l'artiste voit
réellement s'accuser l'ossature sur les parties molles qu'il
se décide à suivre les indications de la vie et apprend à
construire un visage sous sa dictée, à n'ouvrir les yeux, à
ne faire vibrer la bouche que quand il a déterminé la structure des plans osseux. Alors, la lumière qui était une nappe
blanche, animée d'un frémissement diffus, s'accroche aux
saillies du squelette, l'ombre s'enfonce dans les creux, les
yeux sont des taches opaques qui empruntent leur expression à la façon dont elles sont enchâssées dans les os.

Le visage de ses enfants révéla certainement à Carrière
la puissance expressive du plan et lui permit d'entrevoir,
par une généralisation hardie, le parti qu'il pourrait en
tirer. C'est grâce à ses enseignements qu'il changea son
rythme, — au risque de le fausser parfois — abandonna le
modèle superficiel et la restitution du morceau dans ses
détails anatomiques, pour ne plus voir dans l'univers que
son architecture fondamentale, taillée en plans simples et
sûrs à grands coups de lumière. C'est en ce sens qu'il faut

JEUNE FILLE

comprendre son « Je ne sais plus dessiner »(1). Ainsi Rodin,
passant du modelé savant de l'*Age d'airain* au bloc sommaire du *Balzac*.

Il était nécessaire, pour que la chaîne fût complète,
pour que de la mère passive où tout se refond et recom-
mence au cerveau masculin actif où tout s'éclaire et s'épa-
nouit, pas un seul anneau ne manquât, il était nécessaire
que Carrière levât les yeux vers ceux qui venaient le voir,
avec qui il échangeait sa vie morale, à qui, pour grandir et
les mieux aimer, il prenait le meilleur d'eux-mêmes.
Quand il s'en alla, les aînés de ses enfants entraient à peine
dans la vie consciente ; c'est à ses amis qu'il s'était adressé
pour étudier, au fond des yeux humains, la croissance de la
lumière et la façon dont l'esprit fixait définitivement la
forme du visage, son caractère et ses accents. Avec les
accessoires, avec la couleur, la préoccupation des attitudes
familières avait disparu peu à peu, toute la pénétration de
l'artiste se concentrait sur les visages. Les mains abandon-
nées ou jointes, les poings soutenant les fronts méditatifs,
l'espace ambré qui circulait autour des figures de poésie,
d'ardeur ou de souffrance et le magnifique éclat doux
dont elles rayonnaient tout cela s'enfonçait dans l'ombre.
A la fin — et ses lithographies en font foi autant que ses
peintures — il voyait un masque que creusait, bosselait,
ciselait la lumière en épousant à sa surface l'esprit qui
rayonnait de lui. L'arête du nez et du menton, les pom-
mettes, le front luisaient, la bouche accentuait sa courbe
sensuelle, l'ombre noyait les yeux. C'était comme une

(1) Jean Dolent, *Monstres*.

figure de bronze « frappée à grands coups du dedans »,
un bloc de vie spirituelle sculpté par ses profils. L'âme
s'inscrivait dans l'ossature de la face comme les forces
souterraines dans les convulsions du sol.

Les harmonies anciennes, il les retrouvait quelquefois,
pourtant, elles montaient de lui avec la douceur des chers
souvenirs quand sa femme, les amies de son esprit ou l'une
de ses grandes filles sollicitaient son émotion. Mais on les
eût dit atténuées, comme un parfum qui flotte. Des buées
roses ou perlées erraient en ondes musicales autour du
visage amoureusement modelé, la tache sourde d'une fleur,
d'un ruban éclairait l'ombre des cheveux, un nuage de sang
dorait la peau, rougissait à peine les lèvres. Les beaux
visages de lassitude, appuyés sur une main pâle, les beaux
visages où la souffrance de porter, de nourrir, de soigner
les enfants des hommes a creusé des sillons, alourdi les
paupières, empli les yeux de douleur acceptée ! Les beaux
visages vieillis qui se sont apaisés peu à peu, d'où filtrent
doucement le bonheur d'avoir fait sa tâche et la confiance
en ceux qui ont ramassé le fardeau !

Tandis que dans les portraits d'hommes, c'est l'esprit et
la volonté qui sculptent les fronts et les orbites, éclatent
en saillies dures, en volumes marmoréens, dans les portraits de femmes c'est l'amour qui paraît monter en ondes
calmes pour atténuer les profils, adoucir les passages,
noyer la fermeté des os dans le rayonnement de sa douceur.

Souvent il associait, dans la même vision, l'homme à la
femme, l'ami à l'amie, parfois le père ou la mère et l'enfant,
ou la famille entière. Il poussait la femme et l'enfant au

PAUL VERLAINE
d'après la lithographie

premier plan, dans la lumière, mettait l'homme un peu en
retrait, dans la pénombre, comme s'il eût voulu qu'il
s'effaçât devant le témoignage vivant de sa puissance de
protection et de création. Par l'ombre et la clarté, par les
valeurs, par l'arabesque, il trouvait le moyen de les réunir
dans la même forme animée, comme ses *Maternités* les plus
émouvantes, afin de faire sentir l'unité réelle de la vie dans
la continuité des objets qui nous la révèlent.

Là est tout le secret de sa puissance pathétique. Carrière
a pénétré le sens de l'arabesque. Il a su nous dire pourquoi
elle est évocatrice de beauté, pourquoi la ligne qui ne
s'arrête pas, qui n'a ni commencement ni fin et dont le
rythme ne se brise pas, met constamment en nous une certitude apaisée. Il a su nous dire pourquoi notre certitude
devient enthousiasme et amour quand cette ligne est indi-
quée par une succession de masses où nous reconnaissons
les formes familières qui nous entourent de toutes parts
pour nous apprendre la nature. Dans ses premiers groupes
d'ensemble, dans *La Famille* du Luxembourg, par exemple,
toute son attention va des harmonies subtiles qui commencent à s'effacer aux modelés expressifs qui commencent
à naître. C'est à peine si les têtes et les épaules s'inclinent
les unes vers les autres, si les bras et les mains se cherchent,
à peine si une ligne de surface rassemble toutes les unités
du groupe. C'est encore la composition d'école, la « mise
en toile », l'arabesque extérieure et mince qu'on lui a dit
être un des éléments fondamentaux de l'harmonie et que
son instinct, il est vrai, réclame. Il faudra des milliers de
dessins, des centaines d'études, il faudra surtout sa passion

humaine sans cesse inclinée sur le groupe que font la mère et les petits, il faudra qu'il s'aperçoive de l'échange de vie qui va de l'une aux autres, de la solidarité intérieure qui fait circuler d'elle à eux, d'eux à elle le lait, le sang, la chaleur, pour qu'il découvre que la composition sait s'organiser seule quand on a senti la continuité de la force qui réunit une forme à une autre par la faim ou l'amour.

Alors, plus de figures isolées. On les verra s'incliner toujours un peu plus les unes vers les autres, on verra les membres s'enlacer, les têtes, les épaules chercher les creux faits pour les recevoir, les lèvres rejoindre les fronts, les fronts se pencher vers les lèvres, les mains se nouer aux mains. On verra la lumière couler sur les volumes, exprimer leur continuité en réunissant un ton au ton qui l'avoisine par des passages insensibles, l'ombre dissimuler les accidents et les détails qui rendaient la soudure impossible. Sous les muscles et les os, on sentira la même énergie circuler, imposer leur direction aux gestes, sculpter les seins, les membres, les fronts, comme la sève, du cœur des arbres, fait jaillir leurs rameaux. Le groupe, peu à peu, qu'il y ait deux, ou trois, ou cinq, ou vingt figures, deviendra une masse pleine, un même bloc de matière vivante que la même vie intérieure repoussera de dedans en dehors en saillies significatives. Et, par l'unité de la forme, l'unité du sentiment humain triomphera.

C'est quand on étudie ces grandes œuvres des quatre ou cinq dernières années, ces œuvres unes, cohérentes, sorties d'une coulée du moule de l'esprit, qu'on peut revenir sur ses pas, chercher par quelles racines lointaines Carrière

se rattache à la tradition artistique, qu'il ne songea pas plus
à renier qu'aucun des grands novateurs de la peinture ne le
fit avant lui. Mais il était si bien entré dans le courant
même de la vie, il avait si bien mêlé à ses émotions vivantes
les influences anciennes qui le pénétraient, qu'il faut, pour
en retrouver les traces dans sa langue si personnelle, se
souvenir de ses confidences et étudier son œuvre de très
près.

Il avait retrouvé dans la statuaire antique, en allant des
Égyptiens aux Grecs, du volume architecturé qui résumait
la vie aux formes ondulant sur les frontons qui disaient sa
continuité, la confirmation réconfortante de ses intuitions
essentielles. Mais il ne les rencontra guère qu'au bout de
son chemin. C'est seulement quand il commence à prendre
possession de lui-même qu'un grand artiste peut écouter
sans imprudence les voix des bâtisseurs de temples : « Ce
ne sont pas les antiques qui nous révèlent la nature, me
disait-il, c'est la nature qui nous révèle les antiques ».

C'est beaucoup moins haut qu'il faut remonter, c'est
aux maîtres directs de son art, dont la fréquentation n'est
dangereuse que pour les faibles, parce que ces maîtres ont
ouvert l'esprit moderne et qu'un esprit moderne conscient
de sa valeur peut s'y retrouver aisément. L'action qu'ils
avaient eue sur lui était si réellement assimilée qu'il avait
acquis le privilège de l'avouer sans s'amoindrir : « Il faut se
méfier d'une plante sans racines », disait-il, et il montrait
avec simplicité, à ceux qui le lui demandaient, où ils devaient chercher les siennes.

Plus que tout autre, Vinci contribua à lui révéler la

nécessité d'établir les dessous d'un visage, la charpente qui
le soutient, avant d'éclairer ce visage par la bouche et les
yeux. L'arabesque de Rubens l'enthousiasma dès ses premières visites au Louvre, et il reconnaissait cette dette-là
avec d'autant plus de franchise qu'il ne consentit pas à le
suivre avant d'avoir compris les raisons de cet enthousiasme. Rembrandt, humain comme lui, lui démontra que
la lumière et l'ombre sont les plus puissantes révélations
des masses animées qui semblent naître de leurs combinaisons. Il demanda à Velasquez le secret de ses passages,
de l'onde subtile qui glisse à la surface des objets, de la
musique silencieuse que font flotter ses harmonies autour
des formes apparues. C'est surtout aux trois derniers qu'à
la fin de sa vie, maître de son intelligence et de son
expression, allait sa reconnaissance. « Il faut toujours en
revenir, me disait-il quelques semaines avant sa mort, au
cours d'une conversation sur les caractères respectifs des
grandes époques de la peinture, il faut toujours en revenir
aux peintres de la vie, Rubens, Velasquez et Rembrandt ».

Il est à remarquer que c'est comme eux aussi, comme
les deux derniers particulièrement, qu'il sentit au déclin de
l'âge mûr, le besoin d'aller vers la foule pour s'y renouveler.
Chez Rembrandt, ce besoin est trop évident pour qu'il soit
nécessaire de le démontrer. Chez Velasquez, prisonnier de
l'étiquette, gêné par ses fonctions, il est plus dissimulé
sans doute, mais encore très manifeste. Les portraits de
mendiants, *les Fileuses*, sont des dernières années, et, dans
les Menines, la petite infante n'est que le prétexte d'une
vaste composition humaine, d'un balancement d'harmonies

TÊTE DE FEMME

mystérieux et voilé comme une apparition. Carrière avouait
ce besoin, il ne demandait au destin que d'avoir le temps
de peindre la rue, d'aller dans les usines, au pays noir, de
faire de grands portraits d'humanité mouvante qui eussent été l'hommage d'une intelligence réalisée à ses véri-
tables origines.

Peut-être en est-il, en effet, parmi ceux qui ne comprirent pas Carrière, peut-être en est-il qui ont cru que le
Théâtre de Belleville et les grandes toiles décoratives de la
fin, celle de la Sorbonne, celle de la Mairie du Xe, ainsi
que les paysages monochrômes, n'avaient été pour lui
qu'un « sujet » nouveau, un prétexte à varier sa « manière »,
un moyen d'attirer l'attention. Ceux-là se tromperaient.
C'était toujours le même sujet que traitait Carrière,
parce qu'il ne pouvait l'épuiser. Quand on est parvenu à
une telle essentialité, à une pareille hauteur de vision,
il n'est pas possible d'en traiter d'autres. Les lois qu'il
avait découvertes en regardant vivre chaque jour, dans
une pauvre chambre, sa femme et ses enfants, il tentait de
les appliquer dans l'expression des foules et de la nature
physique pour savoir si ses réalisations n'en confirmeraient
pas l'universalité.

Dans le *Théâtre de Belleville*, il exprime la circulation
intérieure des puissances d'instinct qui poussent les uns
vers les autres tous les hommes penchés sur un même foyer
sentimental et font d'eux, qu'ils le veuillent ou non, à
certains moments de leur vie, un seul bloc de passion,
coulé dans une seule masse. Entre les grandes traînées
pâles que font les courbes des balcons, des ombres entassées

relient la lueur des mains qui s'étreignent et des visages qui regardent. Un vaste volume sculptural apparaît, tourmenté, bossué, raviné comme une mer et dont les sommets expressifs sont taillés par la lumière. Mais telle est la puissance de l'expression plastique qu'elle disparaît tout à fait. Seul ce qu'elle traduit demeure, l'émoi qui fait un être unique de mille êtres différents et rapporte à la même source toutes les feuilles des forêts. Peintre des foules, Carrière eut laissé une œuvre plus étendue, sans doute, que Carrière peintre des Maternités, mais qui n'eût été ni plus essentielle, ni plus significative, et d'identique qualité. Dans la dernière de ses grandes œuvres, que son destin tragique ne lui permit pas d'achever, cette vaste *Nativité* qui était destinée à une mairie parisienne et figure au Petit-Palais, la même émotion sculpta toute la toile, qui fait penser à l'Océan. Elle n'a ni commencement ni fin, elle remue et se balance. On voit une houle de vie venir du fond de l'horizon, elle s'avance d'un seul bloc, recouvre celui qui l'attend et le laisse, après son passage, tout trempé d'humanité.

Même si Carrière n'avait jamais abordé le paysage, on eût pu deviner, par ces seuls « portraits collectifs », par les seules *Maternités*, qu'il était parvenu à découvrir, dans l'étude toujours plus attentive et plus passionnée de la nature, ce « principe de l'unité des formes » qui, à la fin, dominait toute son œuvre et lui imprimait son véritable sens.

Carrière était un grand sensuel, au sens général et héroïque de ce mot. Toutes les formes de la nature, vivantes

PAYSAGE

ou mortes, tout ce qui fait un volume dans l'air, les bêtes, les hommes, les arbres, les pierres, les nuages, les ondulations du sol et de l'eau, le pénétraient incessamment. Chez lui traînaient des os, des fruits, des coquillages, des squelettes d'animaux marins, toutes les belles formes sphériques qui sont à elles seules un monde et que le regard et la main peuvent étreindre doucement, d'une caresse continue. Il préférait, je le crois bien, les musées d'histoire naturelle aux musées de peinture. Il demandait aux squelettes des leçons d'harmonie naturelle, suivait avec enchantement l'imbrication parfaite des vertèbres, l'appel d'une courbe par une autre, l'adaptation d'une tête osseuse à une cavité, les ceintures des bassins, les fermoirs des mâchoires, l'onde admirable des os plats modelés par le jeu des muscles. Je l'ai vu, pendant sa dernière maladie, frotter la paume de sa main contre une bûche à l'écorce rugueuse et demander qu'on la plaçât sous ses pieds nus.

Il avait le besoin constant de rechercher dans la nature les rapports les plus généraux, et de comparer les formes et les gestes humains à des éléments naturels. Il trouvait à l'écorce des arbres l'aspect et la consistance d'une peau, dans leur tronc la vigueur d'un torse, il rapprochait les cous qui supportent les têtes des tiges qui bercent les fleurs, et les os des grandes bêtes chaotiques enfouies sous les alluvions le faisaient songer à des pierres. Il comparait les échines des animaux aux courbes des collines, les groupes humains à des vagues, le frémissement des feuilles aux rides que le vent fait naître sur les eaux.

Jamais conscience plus avertie de l'unité de la nature n'avait permis à un artiste d'exprimer l'espace et la terre avec une aussi puissante concision. Au premier abord, dans un paysage de Carrière, on voyait seulement des ondes de lumière et d'ombre. Puis tout s'harmonisait, tout se mettait à son plan, prenait sa fonction dans l'ensemble. Une lueur d'argent indiquait une eau courante, de magnifiques taches sombres massaient les bois et le jeu des gris et des bruns sculptait les nuages. Le paysage aussi, pour ce grand artiste, s'exprimait par une arabesque. Il voyait les formes se continuer, entrer les unes dans les autres, les pentes annoncer des cîmes, nécessiter, par leurs remous, la couronne d'un bouquet d'arbres, une ondulation de terrain en appeler une autre, le flux et le reflux des plaines se répondre et se pénétrer comme ceux que forment la voûte et les parois d'un crâne, le ciel et le sol s'épouser. Ce qui s'imprimait dans son âme et ce qu'il transposait dans ses poèmes peints, c'est le squelette de la terre. Pourtant, le bruit des eaux, le bruit des feuilles, la couleur des arbres et jusqu'au passage du vent, tout s'y trouvait, grâce à la faculté qu'a notre esprit, quand on lui dit l'essentiel d'une chose, de recréer en de silencieuses images ses réalités secondaires. Nous revêtions de verdures et de rumeurs l'astre mort du poète.

Sa vision devenait cosmique. Il ne différenciait plus guère que par l'arabesque des masses et l'intensité des condensations matérielles, l'espace de la terre et des formes qui la peuplaient. Herbert Spencer, s'il a connu son œuvre, et s'il a su en pénétrer le symbolisme grandiose, a pu sentir

en elle la traduction plastique la plus émouvante de
l'intuition qui lui fit voir la forme universelle passer de
l'homogène à l'hétérogène, les nébuleuses fleurir en soleils,

Dessin.

les soleils bourgeonner en planètes, les planètes se couvrir
d'eaux, les eaux élaborer la vie, le monde se peupler peu
à peu des espèces multipliées. Carrière remontait aux
sources, recréait l'unité cosmique avec ses éléments épars.
En « visionnaire de la réalité », après la lente éducation
qu'il s'était faite, avec la science profonde qu'il avait
acquise des apparences de l'univers et de ses lois, il pouvait
se permettre sans danger pour lui et pour ceux qui viendront l'entendre ces généralisations puissantes. Dans ses
décorations pour la Mairie du Xe, dans sa *Vue de Paris* de

la Sorbonne, on le voit passer des volumes humains aux
volumes terrestres sans transition, par un simple jeu de
valeurs, sculpter une ville comme un visage, entraîner
dans un même rythme les formes et l'esprit, comme s'il
avait le pouvoir d'unir les mouvements des hommes à la
gravitation des cieux.

VII

Si les grands créateurs de toutes les époques restent en nous, si leur action, par dessus cent et mille et dix mille années, se mêle encore à notre action pour nous en révéler le sens, c'est par la force souveraine qu'ils ont, en faisant passer au travers de leur âme les éléments dispersés du monde, d'en recréer une unité vivante. Seule la vie de l'art traverse les morts incessantes et les résurrections des choses parce qu'elle fut coulée une dans la matière par l'unité de l'esprit.

Tous les grands maîtres, les Égyptiens, les Grecs, les

Indous, les Gothiques, plus tard les héros de la peinture,
Giotto, Raphaël, Vinci, Rubens, Velasquez, Rembrandt,
Poussin, Watteau, tous eurent ce sens de l'unité et cette
puissance de l'imposer qui les égalent à la vie même. Mais
je ne pense pas que, même chez les plus profonds d'entre
eux, le sentiment de l'unité soit allé au-delà d'une vision
intuitive très sûre, très enthousiaste et exprimée d'élan
dans l'ardeur de la création, pour illuminer la conscience
et devenir le *sujet* même de leurs chants.

Il faut, je crois, se décider au contraire à regarder Carrière comme un homme très résolu à faire triompher, par
l'intermédiaire de la peinture, les idées philosophiques
auxquelles l'avait peu à peu conduit l'étude la plus serrée,
la plus patiente et la plus passionnée de la réalité concrète.
Il faut se décider à le considérer comme un philosophe
dont la doctrine est assurée de vivre parce qu'il était aussi
un grand peintre et qu'il eut le don merveilleux de faire
apparaître dans les spectacles les plus communs de notre
vie la plus générale et la plus synthétisée des abstractions.

La peinture, comme toutes les autres langues que nous
parlons, a le droit d'aborder les idées abstraites, à condition de s'adresser à l'esprit par l'intermédiaire de l'œil
et d'obéir aux lois d'harmonie qui sont le fruit de son
expérience atavique. Il serait singulier que l'idée générale
qui devint peu à peu la préoccupation dominante de
Carrière et qui est précisément celle dont la plupart des
grandes œuvres imposent le pressentiment, fût la seule
qu'un peintre n'eût pas le droit d'interpréter. Il ne faut
donc pas s'y tromper. Carrière fut *le contraire* de ce que

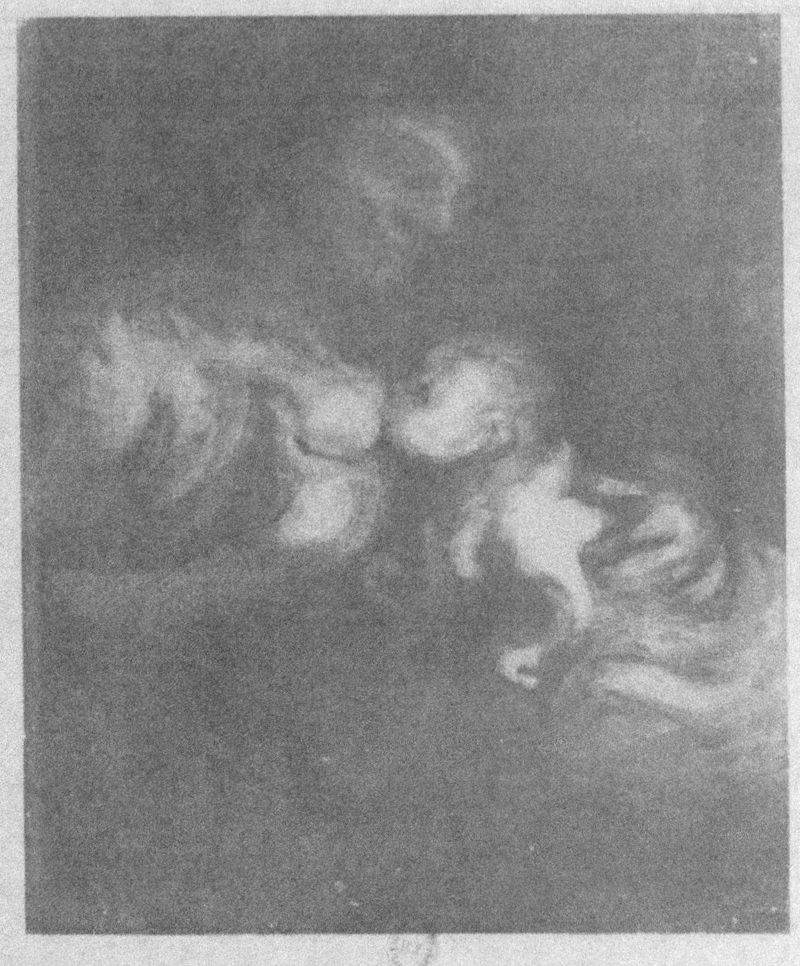

ÉTUDE

les peintres appellent avec un dédain justifié « un litté-
rateur ». Jamais il ne dispersa ses idées, jamais il ne chercha
à les traduire par des moyens allégoriques, par des gestes
ou des événements en dehors de la vie immédiate. C'est
dans la vie immédiate même qu'il les puisa et c'est par elle
que jusqu'à la fin, à force de l'aimer, de la connaître, d'en
pénétrer les plus subtiles relations, il parvint à les exprimer.
Une *Maternité* de Carrière, avant de suggérer d'une manière
irrésistible l'unité de la vie, offre d'abord à notre émotion
d'homme le spectacle d'une femme qui nourrit un enfant.

Mais l'émotion lyrique monte de l'émotion humaine,
l'entraîne, l'élève avec elle jusqu'aux sommets de l'enivre-
ment panthéiste. En un seul bloc de vie, la continuité du
monde apparaît dans la durée, dans l'étendue. Par le lait
qui vient de la mère et sculpte l'enfant, tout le passé des
hommes s'unit à tout leur avenir, par l'onde qui vient de
l'espace, se condense en masse vivante et retourne à l'espace,
l'univers rentre dans le groupe humain qui s'élargit jusqu'aux confins de l'univers. C'est comme un cœur qui
bat, reçoit tout le sang de la vie, le répand dans toute
la vie, comme le centre imposé à la nature par le génie
humain.

Il était impossible que cette œuvre se produisît à une
autre époque que la nôtre, et je crois bien que plus de
cinquante ans avant nous, personne, absolument personne
n'eût pu la comprendre, personne n'eût pu même l'ébau-
cher. C'est la destinée des artistes de résumer tout le passé
humain et de le projeter dans l'avenir. L'admirable, c'est
qu'il n'y ait pas un seul homme capable d'entendre une

voix qui parle avant son heure et que, quand une voix a
parlé à son heure, elle fasse à tel point partie de notre
patrimoine moral qu'elle se confonde pour nous avec toutes
les grandes voix qui nous arrivent du passé.

Il fallait tout l'effort philosophique du xix° siècle, il
fallait aussi sa pitié révolutionnaire, sa fièvre d'idéal, sa
recherche d'une loi, pour que cette œuvre pût éclore. Elle
est la conclusion plastique de la grande idée qui va de
Lamarck à Darwin et sur le fleuve de laquelle coulent,
depuis plus de cent ans, tous les grands sentiments des
hommes, de Diderot à la Révolution française et de
Beethoven à Michelet.

Carrière savait, comme ils le savaient bien eux-mêmes,
que l'esprit humain n'était que l'épanouissement et la
conscience de la force qui circule dans toutes les formes
vivantes, sculpte la terre, passe de la terre et de l'air, par la
sève et le sang, dans les arbres et dans les muscles. « L'esprit
humain ne peut rien créer », a dit Buffon. « L'homme
n'invente rien », disait Carrière. N'est-il pas émouvant de
retrouver, aux deux extrémités du grand courant philosophique, dans la bouche d'un savant et dans la bouche d'un
artiste, la même pensée, formulée à peu près dans les
mêmes termes ? Le premier fondateur, le plus grand poète
du transformisme s'abandonnent tous deux au torrent de la
vie universelle et refusent de se séparer de ce monde des
formes et des sentiments sous la dictée duquel ils avouent
avoir écrit leurs plus puissantes hypothèses.

N'est-il pas troublant, aussi, d'entendre un savant,
contemporain de Carrière, celui-là, écrire, dans un des

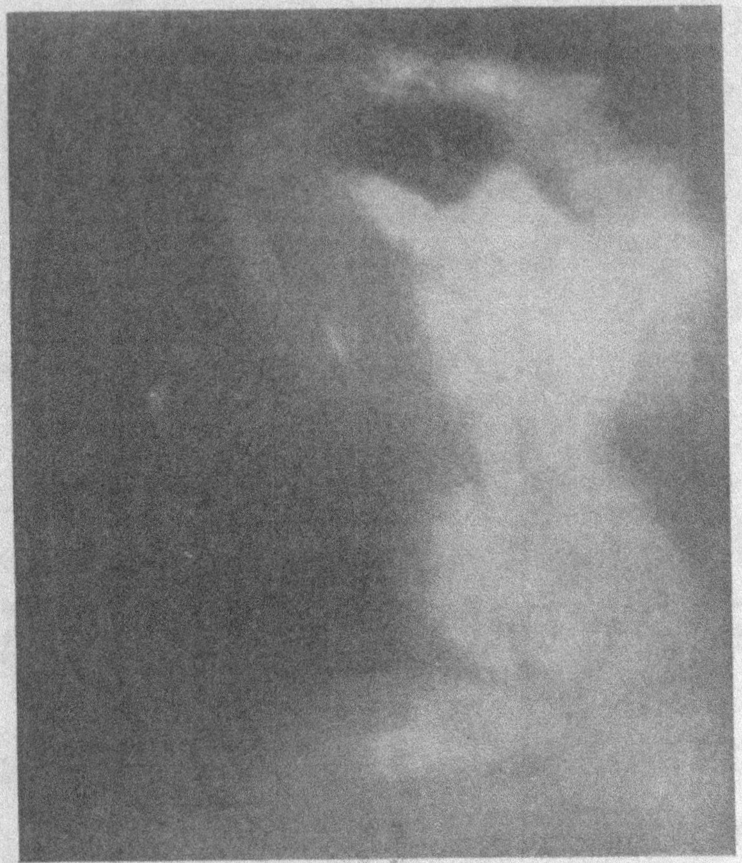

Femme enlevant sa chemise.

livres les plus lucides de ce temps, les lignes suivantes? (1).
» Rien n'est complètement distinct. Partons, pour fixer la
pensée, de l'air atmosphérique. Non seulement il entoure
et baigne ce que nous appelons les corps, mais il les pénètre,
s'y dissout, s'y combine, et eux se mêlent à lui... Il y a non
seulement contiguïté, mais continuité de substance entre
l'air et ces êtres, car incessamment l'oxygène s'incor-
pore à leur matière et en ressort, et si l'on suit un petit
volume du gaz dans les poumons, dans le sang, dans les
organes, on ne peut dire à aucun moment avec certitude
s'il est encore de l'air ou s'il est déjà du tissu animal. Il en
va de même pour tout, pour l'eau que nous buvons, pour la
vapeur qui monte de la mer, qui est le nuage, pour la pluie
ruisselant sur le rocher qu'elle dissout... Rien n'est absolument ni complètement distinct de rien.

« La vision continue dont nous venons d'esquisser
quelques traits est bien loin d'être paradoxale, bien loin
même d'être purement intellectuelle et les artistes à l'œil
pénétrant l'ont comme les savants. Les peintres ne cher-
chent-ils pas à rassembler les êtres du paysage et à les
amalgamer ensemble dans une gangue d'atmosphère? Et
certains même, comme Carrière, dont cette impression
tourmente le génie, ne peignent-ils pas de façon que tout
tient à tout? »

S'il est puéril de placer les artistes sous le contrôle des
savants et de demander à la science, comme on voulait le
faire il y a trente ans, l'investiture d'un poème, il est peu
sage de nier la beauté de l'accord qui se produit, à certains

(1) Frédéric Houssay, *Nature et Sciences naturelles.*

moments de l'histoire, entre le savant et l'artiste, et de se
refuser à y chercher le plus magnifique réconfort moral que
nous puissions ambitionner. La victoire a toujours appartenu, appartiendra toujours à l'intuitif, et la divination
poétique dépasse singulièrement en importance humaine
l'expérience de laboratoire la mieux conduite et le fait le
mieux démontré. Mais il s'agit de savoir si certains savants
— Képler, ou Newton, ou Lamarck — ne sont pas précisément doués, au même titre que les artistes, de cette divination poétique qui fait passer l'expérimentation au second
plan et ne rejoignent pas Eschyle, Shakespeare ou Beethoven
dans les hauteurs les plus sereines du pressentiment
humain. Ibsen eût signé sans hésiter la préface de la *Philosophie zoologique*, de Lamarck. Pourquoi serait-il interdit
à l'homme de science d'être, comme l'artiste, un « visionnaire de la réalité », — *d'être un artiste?*

Il est bien évident que la certitude scientifique n'existe
pas plus aujourd'hui qu'hier et que Carrière, pour être un
grand poète, n'a pas plus besoin aujourd'hui qu'hier de
l'approbation des savants. Mais n'est-il pas émouvant de
voir deux plantes aussi belles germer sur un même terrain,
et, dans le même siècle, l'intuition de l'artiste et la généralisation du philosophe appuyée sur l'enquête scientifique,
aboutir aux mêmes résultats?

L'histoire nous apprend qu'à l'origine l'art est toute la
science, qu'avant la science il pressent l'unité du monde.
Quand naît la science, l'art désorienté se perd en des éga-
rements et des réactions instinctives de sentimentalisme
exclusif. Il ne reprend son équilibre qu'à l'heure où la

science, ayant fermé un cycle de son interminable enquête, parvient à retrouver les conclusions que l'art a déjà formulées. C'est toute l'histoire de ce siècle où le romantisme protesta contre les conquêtes de l'esprit encyclopédique et dont le crépuscule a vu Carrière, après l'enquête matérialiste qui a remis l'art dans sa voie, sceller la chaîne brisée au moment où la première synthèse biologique tentait le même geste — bien plus timidement que lui.

Ce n'est pas son œuvre peinte toute seule qui montre que Carrière, sans les avoir lus, avait retrouvé et exprimé, dans son langage et pour son compte, les hypothèses de Lamarck et de Darwin. J'ai déjà dit son amour pour les musées d'Histoire naturelle, rapporté les idées qu'il ne cessait d'émettre et de propager sur les formes, sur leurs rapports, leur correspondance, l'identité des lois qu'on pouvait retrouver sous leurs diverses apparences et la logique universelle qui présidait à leur structure. Il a écrit l'une des conférences qu'il prononça à ce sujet et qu'il intitula précisément « l'Homme visionnaire de la réalité ». C'est la plus belle transposition lyrique, avec le poème de Spencer, que la foi transformiste ait encore inspirée :

« Visionnaire du réel, l'homme entreprend sa propre découverte... Notre puissance imaginative est dans notre effort incessant pour nous rendre compte de nos rapports avec la nature, de la place que nous y tenons, de la signification de notre venue parmi la foule des êtres. Le squelette est la preuve matérielle de la continuité des formes, de la logique terrestre, l'ensemble est amené à une suprême harmonie, telle que rien ne s'y peut changer. Une synthèse

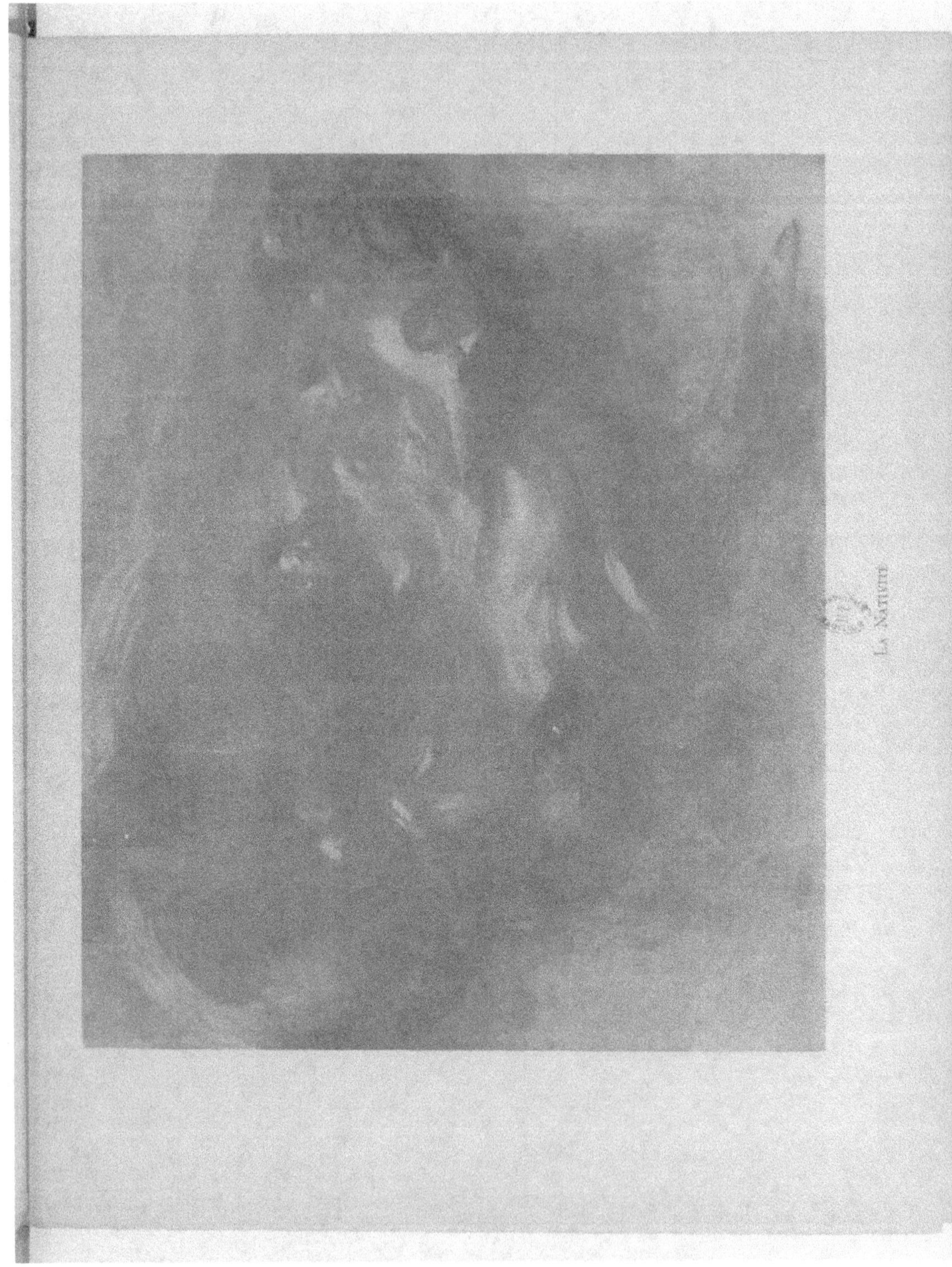

absolue de la terre en une seule créature est visible dans
tout squelette, expression complète de la vraie beauté » (1).

C'est là qu'il faut chercher le lien entre la peinture de
Carrière et sa vie intérieure. Et c'est par lui qu'on peut par-
venir à comprendre la simplicité de cet esprit, si complexe
en apparence, quand la langue plastique n'y suffit pas du
premier coup.

Dire que les propos et les écrits d'un peintre peuvent
contribuer à éclairer son œuvre n'est pas diminuer cette
œuvre. L'avenir seul a le pouvoir de la mettre à sa vraie
place dans l'évolution humaine, de dire la vérité qu'elle
apporta et d'en rejeter les erreurs. Mais un grand artiste
dépasse trop ses contemporains pour qu'ils saisissent facilement ses idées quand ils les exprime dans la langue qu'il
est seul à parler et pour qu'ils n'aient pas le désir légitime
de lui en demander la traduction verbale afin de le comprendre mieux. Un grand artiste est un tel éclair dans la
nuit que ceux qui sont tout près de lui en restent aveuglés
et qu'il faut en être très loin pour découvrir à sa lueur tout
ce qui l'environne. Rembrandt serait-il mort si oublié, si
seul, s'il avait pu ou su écrire ou s'il avaitdaigné expliquer
à l'élite de ses contemporains ce qu'il voyait dans le monde
des formes et l'interprétation qu'il voulait en donner ?

Toute la vie d'artiste de Carrière, toute sa vie morale,
toute sa vie sociale semblent rayonner de cette belle page,
comme d'un foyer central. Le secret de sa grandeur et de
l'unité de son œuvre est dans l'unité de sa vie. Homme
social, homme moral, il fut ce qu'il était, artiste. Tout en

(1) Eugène Carrière, *Écrits et Lettres choisies*.

lui, sa peinture, son style, jusqu'à son écriture, jusqu'à sa
façon de parler, jusqu'à son visage et ses attitudes et la façon
dont il posait ses deux pieds sur la terre, tout dénonçait
la plus admirable unité vivante qu'il fut possible de voir.
Les pages que nous avons de lui révèlent un grand écrivain.
Un éclat obscur s'en dégage. Elles sont comme des sommets étincelants émergeant de brumes entassées. C'est sa
peinture, c'est aussi son langage obscur traversé par la
foudre, c'est aussi sa tête puissante où les muscles brouillés
réunissaient les uns aux autres de magnifiques plans osseux.
C'est sa vie sociale généralement effacée où quelque belle
action décisive survenait au moment voulu. C'est sa vie
morale tendue jusqu'à l'héroïsme dans l'obscurité de son
existence privée et dont tous ceux qui l'ont aimé savent la
puissance de sacrifice, de réconfort et de purification qu'on
pouvait exiger d'elle dès qu'on y faisait appel.

N'a-t-il pas su lui-même la rattacher, sa belle vie morale,
à sa philosophie de la nature, quand il terminait par ces
mots la conférence du Muséum : « Réveiller dans l'esprit le
sens de la nature et de la vie, c'est le rôle même de l'art.
Dans tout ce que nous voyons ici nous trouvons la confirmation des choses qui nous ont émus dans la vie, la
condamnation de celles qui nous ont révoltés, du mensonge,
de la bêtise. Nous y voyons glorifiées l'absolue sincérité, la
logique qui est si belle, d'une beauté à laquelle on ne peut
rien ajouter, dont on ne peut rien retrancher. Il me semble
que ces choses nous enseignent que l'homme ne doit accepter
que ce qui est conforme à la logique de sa nature » (1).

(1) Eugène Carrière, *Écrits et Lettres choisies.*

142

Sa vie intime, sa vie qui dépassait le seuil de sa maison
pour rayonner au dehors par ses œuvres, tout en lui se

Dessin.

tenait, tout s'enchaînait, tout s'ordonnait logiquement, en
une chaîne de sentiments et d'actions qu'il était possible

de suivre depuis son plus lointain passé, qui faisait prévoir
son avenir et dont chacune de ses minutes présentes dénonçait la force. La solidarité des formes lui démontrait chaque
jour un peu plus clairement la solidarité des actes de notre
existence morale. Il savait que chacun d'entre eux est la
conséquence rigoureuse de l'acte précédent, l'origine forcée
de l'acte suivant. Il savait que la seule liberté à laquelle
nous puissions prétendre, c'était la claire conscience de
cette solidarité, et je crois bien qu'à la fin de sa vie, il fut
l'un de ces rares hommes dont on puisse dire qu'il l'avait à
peu près conquise.

Il était maître de lui. Entouré, comme chacun de nous,
de mensonges et d'incompréhensions, il réalisait en lui-
même la vérité et l'intelligence et c'est ce qui lui donnait
la force de saisir l'équilibre de l'univers. Il était devenu
l'un de ces êtres d'exception chez qui l'esprit critique et
l'esprit créateur s'épousent, et, loin de se nuire, se prêtent
un appui mutuel. Au sommet de la puissance créatrice, il
apprenait pourquoi il avait choisi sa route, et les impasses
qu'il eût pu prendre s'éclairaient pour lui.

C'est pour cela qu'il comprenait les souffrances des
autres, c'est pour cela que leurs faiblesses ne leur fermaient
pas son accueil. Il ne croyait ni à l'entité *bien*, ni à l'entité
mal, il savait, par ces lueurs illuminantes que son esprit
avait le pouvoir de projeter sur tous les actes de sa vie,
que nous passons du bien au mal, du mal au bien, comme
une forme passe à une autre forme, par des passages infi-
niment subtils, et que tout l'héroïsme humain consiste à
chercher ceux qui nous conduisent vers le bien, à fuir

LOUIS DEVILLEZ ET SA MÈRE

ceux qui nous conduisent vers le mal. S'il fut un être
juste, c'est qu'il avait découvert l'*utilité* de la morale,
transition d'un homme à un autre et seul facteur possible de
l'équilibre social.

C'est pour cela que sa haute raison n'était pas un rouage
de montre. Il parlait avec pitié de « ceux qui portent toujours la raison en bandoulière » et huilait sa force morale
de générosité. Comme il aimait, il sut parfois n'être pas
raisonnable. Seulement il s'en rendait compte et prétendait
qu'au lieu de faire face à la tentation, il fallait la fuir et que
« notre force est faite de la conscience de notre faiblesse ».
« Malheureux, l'ai-je entendu dire, malheureux celui qui
n'a jamais enfreint la loi ! » Et, quand il s'élevait contre
une faute et que celui qui avait commis cette faute
venait vers lui, il lui ouvrait les bras : « Je condamne
la chose et non *les gens* ». Est-il possible de mieux
définir l'action du héros qui marche vers son idéal sans
défaillance, mais tend la main à ceux qui trébuchent à
ses côtés ?

Averti de sa faiblesse par la faiblesse des autres hommes,
averti de sa force par le pouvoir qu'il se créait d'en triompher, il était sinon parfait — l'homme parfait, étant imper-
fectible, est un pauvre être — du moins capable de progresser
sans fin. Pour s'agrandir, il avait accepté la vie, il s'était
accepté lui-même, afin de profiter non seulement de ses
qualités natives, mais encore de ses défauts. Parce qu'il
regardait la vie comme un bien il ne la gaspilla jamais, il
utilisa au profit de son accroissement toutes les expériences
heureuses ou douloureuses que les circonstances lui

offrirent. Il ne commit pas une erreur qui ne devînt le point
de départ d'une conquête sur lui-même.

Aussi se résignait-il à souffrir, sachant les sources intérieures que la douleur peut nous révéler. « Celui qui renonce
à souffrir, qu'il se retire du banquet de la vie. Les quelques
joies sont des éclaircies sur un grand fond noir... Quel est
l'homme qui accepterait, pour échapper à la souffrance, le
don de l'insensibilité ? C'est la mort morale » (1). Et il
s'en donnait à plein cœur, de souffrir, et, comme Beethoven,
il en faisait de l'espoir pour les autres. Sans que la douleur le fît dévier d'une ligne, il creusait son sillon. Elle
exaltait son effort, elle paraissait être son aliment.
Elle finissait par rendre aisé et souverain l'exercice de sa
volonté, par donner à son art un aspect de fruit mûr qui
tombe.

Cette résignation à la douleur, quoiqu'on en ait dit,
n'avait donc rien de la passivité chrétienne. Le chrétien ne
se résigne ni à la vie, ni à la mort, mais seulement à sa
défaite par la vie et par la mort. Carrière, tout au contraire,
se résignait à tirer tout ce qui pouvait l'agrandir et de la vie
et de la mort. La joie, au même titre que la douleur, était
pour lui un élément de force. Il a, dans un tableau célèbre,
réhabilité le Christ, défiguré par les chrétiens, et l'a ramené
parmi nous en plaçant auprès de lui sa mère. Il ne croyait
qu'à la force intérieure que les puissances naturelles du
monde extérieur déposent en nous tous les jours : « Héritier
de l'intelligence et du savoir accumulé de la race, l'homme
naissant est un résultat. Toutes les religions font de lui un

(1) Eugène Carrière, *Écrits et Lettres choisies*.

déchu attendant sa rédemption de la grâce... Ce n'est pas vrai, il est un élu à la vie!» (1).

Les accidents de cette vie n'ont de valeur pour nous que par la manière toute personnelle dont nous réagissons vis-à-vis d'eux, et ce sont ceux qui souffrent le plus qui sont prédestinés aux joies les plus profondes. Les grandes vies, les grandes œuvres sont faites de l'équilibre qui réussit à s'établir entre les deux extrémités de notre axe moral. La nature d'un homme capable de beaucoup souffrir, de beaucoup jouir, et de réaliser dans son œuvre et son action la synthèse de la douleur et de la joie est quelque chose de large et d'auguste et de plein comme le fleuve de la vie. Placé entre deux mondes, dont l'un souffrait parce qu'il avait trop appris, dont l'autre espérait parce qu'il avait trop souffert, Carrière eut le privilège unique de résumer les conquêtes rationalistes du siècle qui finissait et d'ouvrir le grand foyer sentimental que réclamait l'avenir.

Ce sentimentalisme tout puissant, qu'il avait hérité des romantiques pour l'appuyer sur le rocher de la philosophie naturelle, on le lui reprocha, on le lui reproche encore. Il a signé çà et là, sans doute, cédant à un entraînement de milieu auquel il est difficile, même à un grand esprit, de résister, pendant les époques d'exaltation sentimentale, quelques œuvres discutables, voiles soulevés, doigts posés sur des bouches, mains suppliantes. Mais ces erreurs se comptent, dans son œuvre. On n'a pas assez vu que, dans ses dix dernières années, il en était arrivé à considérer avec une lucidité parfaite les spectacles qui éveillaient son sentiment,

(1) Eugène Carrière, *Écrits et Lettres choisies.*

à les passer toujours au filtre de son esprit et à ne plus voir, dans un groupe humain enlacé, une anecdote attendrissante, mais une loi universelle traduite par une arabesque de masses distribuées sculpturalement. La force sentimentale ne lui servait plus qu'à déterminer des plans expressifs. Et je crois bien que l'art suprême est là.

Chez les esprits débiles, chez les natures vulgaires, incapables de régler leurs impulsions et d'utiliser leurs passions au profit de l'intelligence, le sentimentalisme est un écueil. Il dévie et détruit l'équilibre de l'âme. Chez l'homme de génie, il reste le pressentiment de vérités supérieures dont la conquête éduque leur raison. Je pense que tous les grands artistes, Dante, Michel-Ange, Shakespeare, Rembrandt, Beethoven, furent de grands sentimentaux et connurent de ce fait, toute la torture et toute la beauté de vivre. « Nous partons avec des Illusions qui sont des vérités non expérimentées. Notre première expérience nous les contredit, mais notre seconde ignorance nous les fait découvrir comme des vérités définitives..... » (1).

C'est de ce héros de l'espoir qu'on a voulu faire un pessimiste, sous prétexte que sa peinture était sombre, qu'il ne voyait pas la couleur, que sais-je ? comme si le pessimisme pouvait entrer dans une âme harmonieuse. Le pessimiste est dispersé, il ne voit que l'accident dans le monde, il ne sait pas saisir les complexes rapports qui lui révèlent la loi universelle. Qu'importe la destinée finale de la terre ! Nous sommes des hommes, nous vivons sur une planète, le milieu où se déroule notre action nous enseigne les rela-

(1) Eugène Carrière, *Écrits et Lettres choisies*.

tions qu'il faut connaître et assimiler à nous-mêmes pour
qu'elle aille vers une harmonie plus parfaite et plus
consciente d'elle-même. Est-il besoin d'aller plus loin?
Carrière ne le pen-
sait pas, et si son
langage était sévère,
c'est parce que son
âme était remplie
d'un très sévère
espoir. Il était le
contraire du « sur-
homme » au sens
nietzchéen du mot.
Il ne dominait pas
les hommes afin de
les perdre de vue,
mais afin de rassem-
bler en lui toutes les
qualités éparses
parmi eux et de réa-
liser dans son œuvre
et ses actes la fusion
de ces qualités. Il
consentait à eux,

Étude.

comme il consentait à lui-même. Il les prenait tels qu'ils
étaient avec leur bonne ou mauvaise nature, et la leur
faisait accepter en les aidant à la perfectionner dans le sens
le meilleur. « Que de choses qui se dévoilent, lorsque nous
acceptons d'être une partie des autres, comme une pierre

fait partie des rochers ! » (1). Il les prenait tels qu'ils étaient
parce qu'il savait bien qu'il ne différait un peu d'eux que
par la rencontre du hasard qui avait déposé en lui-même
un peu plus de faculté de sentir, un peu plus de volonté de
faire servir cette faculté de sentir à développer et à perfectionner sa faculté de comprendre. Il était attiré vers tous
les autres hommes parce qu'il se reconnaissait en chacun
d'eux et voyait en chacun d'eux un organisme nécessaire et
pourtant dépendant du corps entier de la nature, passant à
lui, passant de l'un à l'autre, passant à la nature par
d'imperceptibles degrés. C'est pour cela qu'il comprit peu
à peu que les harmonies extérieures ne peuvent nous inté-
resser passionnément qu'autant qu'elles sont la traduction
des puissances sentimentales qui nous poussent les uns
vers les autres. « Je vois les autres hommes en moi, ce qui
me passionne leur est cher... » C'était là tout son « socia-
lisme », tout cet humanitarisme démodé qu'on lui a tant
reproché, parce qu'on n'en comprenait pas l'essentielle
valeur pour lui.

Oui, cette œuvre est optimiste, et bien qu'on n'y
rencontre — heureusement — aucun « sujet moral » à
proprement parler, elle est d'une moralité très haute, parce
qu'elle enseigne aux hommes l'unité de la vie physiolo-
gique, l'unité de la vie morale, l'unité de la vie sociale,
l'unité de la vie universelle. Là est tout le secret de la
force d'action que cet homme exerça sur ceux qui l'entouraient, et, bien souvent sans le comprendre, le sentaient.
C'était le seul homme supérieur de ce temps qu'on ne pût

(1) Eugène Carrière, *Écrits et Lettres choisies.*

penser jamais à imiter, et qui pourtant bouleversait votre
vie intérieure. Il vous fécondait, il vous révélait à vous-
même. On sortait des entretiens qu'on avait avec lui
enthousiaste et désespéré. Désespéré parce qu'il vous avait
montré, sans vous le dire, simplement en pensant tout haut,
le peu que vous étiez auprès de lui et l'insignifiance de vos
efforts anciens, enthousiaste parce qu'il vous aidait à voir
ce qu'il y avait en vous de puissances inemployées.

Il exerçait sur ses amis l'action de la nature, l'action de
la campagne ou de la mer. Ils allaient se retremper en lui,
y puiser la force et le courage, le consentement à eux-
mêmes. On l'aimait comme on aime la vie, parce qu'il
était vaste comme elle.

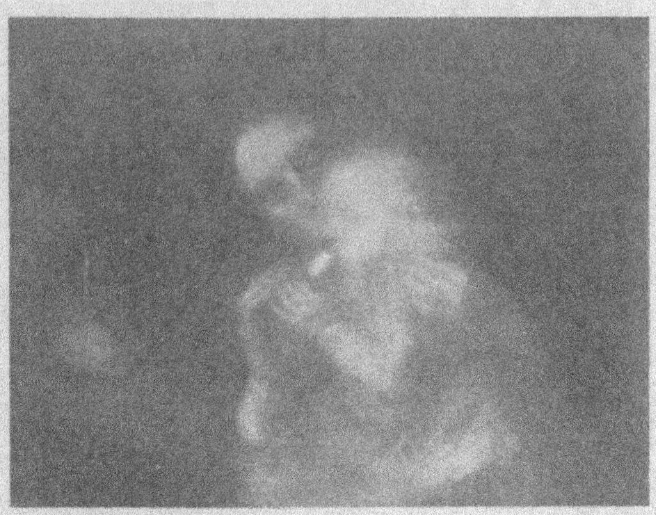

VIII

« Heureux ceux qui se préparent glorieusement à la mort ! » C'est par ces mots aujourd'hui gravés sur sa tombe que Carrière saluait la dépouille du bon peintre Fantin-Latour. A l'heure où il les prononçait, il se savait menacé lui-même. Je pense qu'il venait apporter à ceux qui

l'aimaient l'orgueilleux aveu de la confiance avec laquelle
il voyait venir sa fin.

C'est deux ans auparavant, vers le milieu de l'été de
1902, alors qu'il grandissait en puissance et en gloire et
paraissait dominer son destin et disposer du bonheur, que
lui était venu le premier avertissement. On n'avait pas pu
lui mentir. On ne peut pas mentir à un tel homme. Bribe
après bribe, tout en se gardant, avec cette discrétion divine
qui le rendait si cher à ses amis, d'augmenter leur désarroi
moral, il avait arraché à ceux qui eurent le douloureux
privilège de s'apercevoir de son état, l'essentiel de la vérité.
Il sut que seule une opération souvent mortelle pouvait lui
donner quelques chances d'échapper à une mort atroce. Il
prit son parti très vite, s'abandonna sans discussions inutiles à ceux qui la lui conseillaient. A la surface, rien ne
parut de la lutte qu'il dût livrer à l'afflux des souvenirs et
des espérances pour triompher de sa douleur. Il sembla
ferme et serein.

Il n'aimait pas les disparitions soudaines, en coup de
hache. Il sentait, là comme ailleurs, la nécessité du « passage ». Il tenait à préparer sa mort, à s'en aller au devant
d'elle sans surprise, à ce que ses idées sur elle sortissent
sans effort de l'idée qu'il s'était faite de la vie. Il ne voulut
pas que le courant habituel de l'existence s'interrompît
autour de lui, que la confiance de ses enfants fût ébranlée.
Il les entretint de sa mort comme d'une chose possible et
qu'il fallait envisager d'un cœur fort quand on ne doutait
pas de la puissance de la vie et des réparations qu'elle
apportait. Une fois de plus il les aida à voir ce qu'il y avait

Elisabeth

de beau en eux, les adjura d'y croire et d'y chercher leurs
seuls moyens de progrès et de lutte. Il consola ses amis
qu'affolait la nouvelle, leur écrivit à tous une lettre d'adieux
discrets où chacun d'eux pût deviner les causes de la tendresse qu'il leur portait et trouver les raisons de continuer
sans lui l'effort de vivre. Le moment venu, il se livra au
chirurgien sans pose et sans peur.

« La vraie vie m'a été révélée à l'instant où la mort
passait » (1), écrivait-il quelques semaines plus tard. Il
avait pensé mourir, et ce fut la plus belle expérience de vie
qu'il eût encore faite ! « Il me semble que j'ai passé dans
un tourbillon de générosité humaine, comme dans un
mouvement de forces naturelles où tout ce qui s'affirme
vivant se rejoint dans un élan d'harmonie » (1). L'amour,
la douleur qui l'entouraient, l'association de tendresse
agissante qu'avait suscité parmi ceux qui l'aimaient la
crainte de le voir partir, le bonheur qu'il pût lire sur tous
les visages quand il se releva vivant, tout exalta sa ferveur
pour les hommes, tout accrut jusqu'à la passion le sentiment des responsabilités qu'il se sentait vis-à-vis d'eux.
Puisqu'on avait confiance en lui, il fallait donc qu'il
continuât de vivre, qu'il descendît dans son être plus profondément, qu'il arrachât à sa souffrance, pour le bonheur
des autres, un peu plus de force et d'amour ! Malgré l'inquiétude qui persistait en lui, — il savait bien que la menace
n'était différée que de quelques années, de quelques mois
peut-être, — il sentit un remous d'ardeur le soulever, sa
joie de boire le soleil et de marcher sur la terre des hommes

(1) Eugène Carrière, *Écrits et Lettres choisies.*

lui rendit la verve puissante où passait avec tant d'aisance l'austérité de son cœur : « Je vais me mettre à travailler, écrivait-il ; il me semble que je ressuscite d'entre les morts ; j'avais si bien arrangé ma disparition et je l'avais réussie tout à fait à l'antique ! Je crains d'avoir raté par ma rentrée ma sortie ; je ne pourrai plus me mettre dans un si bel état d'esprit » (1).

Il eut trois années de répit. Elles furent les plus cruelles, mais les plus décisives de sa vie. Son visage déchiré, ses cheveux blanchissants, le pli qui se creusait plus profond entre ses deux yeux dont la flamme devenait tous les jours plus haute, annonçaient seuls le passage de la tempête et le pressentiment de son retour. Il ne changea rien à sa vie, ses idées suivirent leur pente, son amour du monde des formes où l'homme et l'élément se confondaient ne fit que s'élargir et s'éclairer. Comme il l'avait promis à ceux qui l'approchèrent pendant l'épreuve, il fit encore des progrès. L'admirable exposition de ses œuvres qu'on organisa pour fêter son retour à la vie et les toiles qu'il signa au cours des trois années suivantes, permirent de mesurer la longueur du chemin suivi en ces quelques semaines de méditation dramatique à qui l'avait convié l'approche de la mort. Les œuvres les plus épurées, les plus sommaires, les plus mêlées à l'univers, celles qui restent au fond du souvenir comme des groupes sculpturaux apparus dans l'ombre, la *Maternité* du Salon de 1905, la *Maternité* de l'Exposition de Saint-Louis, le portrait de Devillez et de sa mère, les *Fiançailles*, la *Nativité*, d'admirables portraits de jeunes

(1) Eugène Carrière, *Écrits et Lettres choisies.*

filles dont les fronts et les cous paraissent comme des
dômes et des colonnes faits pour recueillir la lumière,
appartiennent à ces trente-six mois où la ferveur d'affection dont ses amis l'entouraient, l'avertissait de leur
angoisse. Il leur donna le spectacle d'une concentration toute puissante. Il voulut être plus fort qu'il n'avait
été jusque-là, plus fraternel pour ceux qui venaient lui
demander son aide, plus reconnaissant envers la nature
des indications qu'elle lui donnait. Il voulut accroître,
en la pénétrant mieux, la connaissance de son âme.
Il avait appris, tout au long de sa dure vie, que l'effort
continu, en faisant sourdre à tout instant du fond de
notre obscurité de tremblantes lueurs peu à peu gran-
dissantes, est la seule arme que nous ayions pour nous
révéler à nous-mêmes. Après avoir lu à peu près tous les
vrais livres, il n'avait guère conservé auprès de lui — il
lisait encore les deux derniers la veille et le matin même de
sa première opération — que Vasari qui lui racontait la vie
des bons ouvriers de la peinture, Spinoza, où il puisait la
confirmation de ses propres idées sur l'architecture du
monde, surtout Marc-Aurèle, qui lui disait la dignité et
l'unité de l'âme humaine. Comment ne se fût-il pas re-
connu dans le cri passionné du stoïcien : « Monde, je suis
ce que tu es ! Rien n'est trop vert, rien n'est trop mûr pour
moi de ce qui pousse en ta saison. Tout ce que tes heures
m'apportent est un fruit délicieux pour moi, Nature ! Tout
vient de toi, tout est en toi et tout revient à toi. »

Les plus beaux de tous ses portraits sont ceux qu'il a faits
de lui-même, parce que c'était lui-même qu'il connaissait

le mieux. Par eux tous, où l'on peut suivre les étapes de son
esprit, de la fierté de vivre qu'il avait quand il était jeune
et de la volonté d'apprendre qu'il eût dans l'âge moyen, à
la certitude de comprendre qui grandissait sur son visage
d'homme mûr, s'affirme l'identité de l'âme humaine et de
son expression plastique. Le dernier de ces portraits
surtout, est tellement auguste et mystérieux, il donne une
telle sensation d'absolu qu'il impose le silence. C'est Carrière vivant, exprimé avec son langage, la fusion totale de
l'âme qu'il se connaissait avec la forme sous laquelle il se
voyait. C'est l'image la plus saisissante, peut-être, qu'un
homme ait montré à ses semblables, de l'unité de la vie
matérielle et spirituelle réalisée spontanément dans la
possession de soi-même.

Ce sont seulement les hommes qui savent à ce point ce
qui se passe en eux, sous quelle forme le monde s'y projette
et quelle est la nature de leur action sur lui, ce sont ces
hommes-là qui parviennent au seuil de la vie héroïque et
deviennent l'orgueil, la force et jusqu'à la conscience de
ceux qui font la route à leur côté. Plus Carrière souffrait dans
le silence de son cœur, plus s'accumulaient sur lui les
responsabilités et les menaces, plus on venait à lui quand
on souffrait, quand les responsabilités et les menaces
s'accumulaient sur vous. Rien ne lui fut épargné, au cours
de ces trois années que sa volonté fit si grandes, ni l'angoisse
de voir revenir lentement un mal qu'on eût pu croire tout
à fait vaincu après vingt mois de silence, ni des maladies
multipliées, ni des chagrins chez ses enfants, ni des défail-
lances chez ses amis. Les autres lui demandaient de porter

le poids de leurs soucis et de leurs erreurs. Son indulgence
s'accroissait avec le besoin qu'en avaient ceux qui venaient
y faire appel. On savait bien qu'il avait passé par toutes les

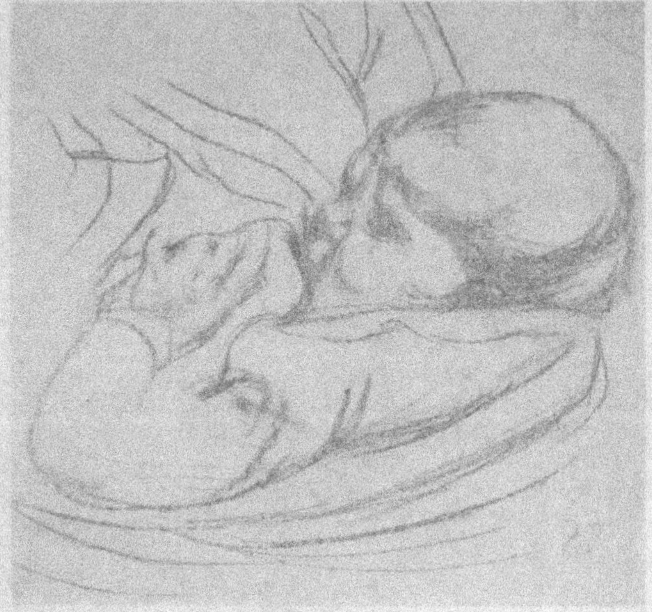

Dessin.

tortures, on savait bien qu'il vivait la torture suprême, celle
de voir son agonie, on venait quand même à lui, ingé-
nuement, avec une sublime et cruelle confiance, parce

qu'on était sûr qu'il étudierait sa douleur pour lui demander les moyens d'apaiser la vôtre. Il possédait cette
tendresse dramatique que Michel-Ange eût pu répandre
sur le monde, si le monde, à force de le méconnaître, ne
l'avait pas contraint de rester seul.

Carrière n'était pas seul, il pouvait réchauffer de sa force
ceux qui désiraient le comprendre, et se réchauffer lui-
même à la foi qu'ils avaient en lui. Il était d'un temps où
les hommes dispersés en tous sens par l'enquête d'un siècle,
commençaient à souffrir de leur solitude et se cherchaient.
Il avait aimé l'âme ingénue et fière du docteur Stockmann,
mais il savait bien que le docteur Stockmann n'irait pas
jusqu'au bout de sa révolte et qu'après s'être détaché de la
foule pour l'avoir trop prise comme modèle, il reviendrait
à la foule pour la prendre comme élément. Il n'ignorait pas
que la solitude dévie, pervertit, atrophie l'âme. Il savait
bien que l'ennemi du peuple finirait par comprendre que
l'homme le plus puissant du monde n'est peut-être pas
celui qui vit le plus seul, mais celui qui reste le plus libre
tout en vivant le moins seul.

C'est pour cela qu'il consentit joyeusement à mener au
combat les jeunes peintres qui ne lui ressemblaient pas,
dont pas un seul n'avait subi son influence et dont bien
peu, au fond, aimaient son art. Le *Salon d'Automne* naquit
de cette rencontre entre un grand homme qui cherchait la
vie et de jeunes artistes qui réclamaient la liberté de la
chercher. « Notre instant est admirable, écrivait-il. Toutes
les religions sont discutées, et jamais il n'y eut plus de foi.
Nous n'avons pas de style et nous sommes riches d'artistes.

MATERNITÉ

(Exposition de Saint-Louis)

Jamais la douleur universelle n'a tant ému l'âme humaine. Jamais l'homme n'a appelé l'homme d'une voix si pressante. Les artistes d'aujourd'hui sont pleins d'ardeur. Leurs recherches sont souvent fébriles, mais vivantes. Tout est pour nous source d'espoir. Lorsque les fleurs sont pleines d'abeilles, la ruche est proche... » (1).

Le contraste semblait étrange, dans les salles du Grand-Palais, entre la ruée tumultueuse de lumière et de couleurs ruisselant en taches violentes par qui la jeune peinture affirmait ses tendances, et les formes silencieuses où l'âme voilée de Carrière apparaissait. Lui dont toute la vie fut un effort pour se mêler de plus en plus aux hommes, pour être homme de plus en plus, il paraissait seul, ici, dans un monde à part, sans qu'il fût possible à ceux qui ne connaissaient ni son art ni celui des autres, de dire où était le monde imaginaire, où le monde réel. Le monde imaginaire et le monde réel étaient partout, ils s'unissaient en eux, ils s'unissaient en lui, comme ils s'unissent chaque fois qu'apparaît dans le même homme l'harmonieuse fusion de la volonté et de l'amour. Mais les uns, éblouis par la lumière de la vie faisaient leurs premiers pas sur la route ardente. L'autre avait concentré dans son cœur la lumière de la vie, et c'était d'un pas sûr qu'il allait.

Carrière n'a exercé aucune action sur la jeune peinture, et je pense qu'il faut s'attendre à voir son œuvre à peu près méconnue, presque oubliée d'ici quelques années. Il a réalisé, dans sa parole prophétique, la rencontre de trop longs travaux et de trop grands espoirs pour que les hommes

(1) Eugène Carrière, Loc. cit.

de ce temps qui ouvrent seulement les yeux à la vie et vont
droit vers elle sans regarder ni le passé ni l'avenir, puissent
saisir le sens de son œuvre, en faire le tour et se laisser
influencer par elle. Et c'est tant mieux, car les hommes de
cette taille écrasent les disciples qu'ils font. Leur action
véritable ne peut apparaître que bien des années après leur
mort.

La jeune peinture est armée d'un profond instinct. Son
rôle est de construire, ainsi que l'y convia Cézanne, les
cadres sommaires où notre esprit pourra faire entrer les
synthèses qu'il sent le besoin d'organiser. Les vrais peintres
de notre époque sont à l'aube d'un archaïsme que cinquante
années d'analyse ont conquis en rétrécissant de plus en plus
le domaine sentimental. Il est nécessaire qu'ils aient pour
édifier leur ouvrage, une vision du monde extérieur très
directe, mais très fruste et très abrégée. Ils ont bien fait de
ne pas chercher à suivre Carrière. Il fallait être un vrai
grand homme pour s'emparer de l'esprit positif légué par
ces cinquante années, et rouvrir avec et par lui, par delà
ses conclusions premières que les jeunes artistes formulent
en balbutiant, les sources du sentiment. Encore vingt ans,
cinquante peut-être, ce n'est pas la jeune peinture, c'est
l'esprit humain lui-même que Carrière rencontrera.

Nous avons vu que Carrière n'aimait guère, au fond,
dans la peinture contemporaine, que la peinture de Carrière.
Il était trop conscient des raisons qui l'y poussaient pour
en vouloir aux jeunes artistes d'aimer beaucoup la leur, et
peu la sienne. Mais il allait à eux quand même, comme à
tout ce qui vivait, et eux allaient à lui parce qu'ils le sen-

taient vivre et qu'il exprimait, dans ses écrits et ses paroles, avec une émouvante dignité, ce qu'ils aimaient et désiraient. Ils comprirent tous la valeur de son action morale.

Le banquet populaire qu'on lui offrit, le 20 décembre 1904, dans une salle de cette avenue de Clichy dont il aimait tant le mouvement et la vie, dépassa le sens habituel d'une manifestation artistique pour prendre un caractère d'humanité générale que lui imposèrent spontanément le seul instinct des assistants et la seule présence de Carrière (1). Il vint de Mons, où il passait l'hiver pour fuir le bruit de Paris, les sollicitations et les ennuis de toute sorte qui entravaient son travail. Rodin présidait. Il y avait là six cents hommes ou femmes, peintres et sculpteurs, poètes, écrivains, philosophes, simples amis connus ou inconnus. Ce fut une fête du cœur, l'enthousiasme des assistants et sa propre émotion le lui dirent. Eux et lui, pendant quelques heures, eurent un seul esprit. Par eux, une fois de plus, il sentit s'affirmer l'unité de la vie, et la nécessité de son action lui en confirma l'héroïsme.

Il en sortit plus libre encore, et plus reconnaissant. Plus douloureux aussi. Il comprenait bien que c'était là sa dernière rencontre avec la foule de ceux qu'avait touché son âme. Le mal revenait, lent et sûr, depuis quelques semaines. Il voyait la menace rapprocher encore son horizon. « Le chemin de la gloire est solitaire, avait-il écrit à propos de l'organisation de ce Banquet, et les vœux qui accompagnent celui qui s'y aventure sont souvent des adieux déguisés. Il faut que ceux qui forment les mêmes projets dans

(1) Charles Morice en a fait, dans son *Eugène Carrière*, un admirable récit.

l'ardeur de la jeune espérance tendent les mains à celui qui
revient des Enfers... » (1).

Au retour de Mons, quand il se mit à la dernière de ses
grandes œuvres, cette belle *Nativité* qu'il n'acheva pas, son
mal s'aggravait visiblement. Tout puissant par l'esprit,
plein de gloire, jeune et d'apparence robuste encore, il vit
venir la mort irrésistible. Quand arrivèrent les beaux jours,
il fuyait parfois jusqu'au Parc Saint-Maur, près des bords
de la Marne, il revoyait encore une fois les collines boisées,
l'eau vivante, les ciels légers de l'Ile de France, la grande
nature éternelle à laquelle il devait tout. Il travailla tout
l'été, presque fébrilement, comme pour entretenir en lui
cette lumière intérieure dont une nature héroïque peut se
faire un refuge inaccessible aux douleurs du monde. Mais
un poing de fer lui serrait la gorge, sa voix s'étranglait de
jour en jour, l'asphyxie devenait menaçante... Il consentit
à tenter la dernière chance et subit, le 1ᵉʳ novembre, une
seconde opération. La veille, dans l'après-midi, il avait fait
le portrait de sa sœur aînée, venue de Strasbourg pour
l'embrasser. Comme le jour baissait dans la petite salle à
manger sombre, il l'acheva rapidement, y mit les dernières
touches, jeta son pinceau en disant : « C'est fini, je ne
peindrai plus... » Il sortit, l'entraîna avec sa femme et ses
enfants au Parc Monceau, prit un dernier contact vivant
avec la foule et le pavé, vit encore une fois l'ombre des
arbres mourir dans les eaux immobiles... Puis il s'abandonna à son destin.

Huit jours, on put croire qu'il allait mourir. Il était

(1) Eugène Carrière, Loc. cit.

muet, inerte. Seulement, les yeux vivaient. Ils avaient
toujours au fond d'eux la source de lumière. Et quand
on faisait appel à
l'intelligence, elle
répondait toute en-
tière, une, décisive,
profonde, comme
elle l'était à la der-
nière seconde où ses
pieds avaient tou-
ché la terre, comme
elle le resta jusqu'à
la fin. C'est dans une
minute tragique,
comme on pensait
qu'il s'en allait, qu'il
transmit aux siens
leur plus cher héri-
tage : « Je lègue à
mes enfants ce que
ceux qui m'ont aimé
ont trouvé de bon
en moi ».

Jusqu'à la fin, ses
yeux vécurent et son
esprit. Il voulait
vivre, ou, tout au
moins, comme il
l'avait souhaité un

Dernière étude.

jour, « mourir en marche ». La gorge ouverte, le côté gauche
paralysé, passant à peine deux heures chaque jour hors de
son lit, sur un fauteuil de malade, il mourut tout de même
en marche. Il progressait sans arrêt, et, comme il arrive
toujours, ainsi que les arbres et les fleuves, plus ouvert et
plus large à mesure qu'il avançait en âge et s'éloignait des
sources de son être. « Il ne faut pas me laisser mourir,
j'apprends trop de choses! » Plus il voyait approcher la
mort, plus il voulait sentir, plus il voulait comprendre,
ayant peu de temps devant lui. Le désespoir au cœur, il
voyait se retirer de lui cette vie qu'il aimait d'une passion
si clairvoyante. Mais, devant ce qu'il ne pouvait empêcher,
il comprit la nécessité de consentir à son sort sans révolte,
il n'exhala pas une plainte. Il trouva encore dans sa
raison la force d'observer son agonie, afin d'en trans-
mettre les enseignements à ses enfants, et de dominer
sa douleur pour leur donner jusqu'au bout l'exemple d'une
vie héroïque.

Non, il n'eut pas une plainte. Il ne fit jamais un reproche
à aucun de ceux qui l'entouraient, sachant bien que chacun
faisait de son mieux. Douloureux, infirme, brisé, obligé
pour communiquer sa pensée d'écrire au crayon, d'une main
maladroite, sur le papier qu'on lui présentait, il gardait une
sérénité poignante que rien n'altérait. Autour de lui, il
dirigeait tout encore, la vie et les travaux des siens, s'infor-
mait d'eux et de leurs sentiments, pensait à tout, il gardait
seul un esprit lucide dans les heures d'hésitation ou de
détresse, il n'était pas le malade, il restait le père et l'ami.
La pudeur douloureuse qu'on lisait dans son regard

ETUDE

montrait seule à quel point il souffrait d'être si misérable,
après avoir été si fort. Sa sensibilité devenait plus vivante
encore, mais jamais elle ne prenait son état pour prétexte,
elle ne s'éveillait qu'aux souvenirs de ses jours misérables
ou à l'aveu des souffrances des autres. Sur ces pauvres
papiers volants que conservent avec tant d'amour tous ceux
qui venaient s'entretenir avec lui de la guerre qui finissait,
de la Révolution russe, du trouble de l'époque, des tendances nouvelles et des conquêtes anciennes de l'art, du
mouvement incessant de la vie, il y avait bien parfois une
interrogation directe sur ce qu'on pensait de son mal, de
l'avenir qu'il lui réservait. Mais jamais, jamais une plainte,
souvent même des mots de consolation aux découragements
muets qu'il devinait autour de lui : « Ne nous mettons pas
la mort dans l'âme, et puisqu'on nous dit d'espérer, espé-
rons!... Je suis comme un arbre qui peut toujours repartir
de sa sève. Je ne veux laisser aucun espoir » (1).

La peau tirée sur les os du visage, pâle, la bouche douloureuse, les yeux toujours vivants, il allongeait sur les
draps ses deux mains amaigries. Il ressemblait à un Christ
de Dürer. Quand un visiteur entrait, il avait un doux
sourire, il soulevait sa main pour prendre la sienne, l'attirait
pour qu'il mît son visage à hauteur de ses lèvres. Puis il
s'épuisait en tentatives vaines pour parler, se résignait sans
colère, prenait son crayon, demandait des nouvelles, com-
mentait les événements du jour. Parfois, de sa main valide,
il faisait des gestes de peintre, traçait dans l'air des figures
avec son pouce, retrouvait le rire dans son cœur, demandait

(1) Eugène Carrière, loc. cit.

à son esprit l'éclair du mot vivant. Quand venait la fatigue, il allongeait de nouveau ou croisait ses pauvres mains pâles, fermait les yeux, tandis qu'une de ses filles lisait Marc-Aurèle à demi-voix. Son fils, ses filles lui soumettaient leurs travaux, dont il parlait aux visiteurs avec un orgueil candide. Souvent, il demandait qu'on lui fît de la musique. Une fois, ses enfants, costumés, jouèrent dans sa chambre une comédie de Molière. Une autre fois, des jeunes filles d'Orient vinrent danser au pied de son lit une danse de leur pays... Quand le temps était beau, il faisait rouler son fauteuil jusqu'à la fenêtre : « Mets-moi en face du ciel, comme devant la mer... »

Vers le 20 mars, son état s'aggrava tout à coup. Il eut des frissons, de la fièvre, rendit du sang. Une semaine encore il lutta, épuisé, la main défaillante, mais le cerveau libre, et toujours maître de lui. Il espérait encore ou faisait croire à son espoir pour épargner aux siens la douleur de savoir qu'il se sentait mourir. Le 26, dans la soirée, après une crise plus violente, il dit à voix basse, à ses enfants penchés sur lui : « Aimez-vous avec frénésie ». Puis il fut pris d'une grande faiblesse qui s'accrut peu à peu, et mourut au lever du jour.

Ainsi, jusqu'au seuil de la mort, il garda l'unité de son âme. Sa vie féconda sa mort, qui continua sa vie. Quand on pense à son existence, c'est comme à quelque chose de plein, qui passe, ne commence et ne finit pas, une onde d'harmonie entre deux immensités confuses. Son esprit continuait la sinuosité du monde, la prolongeait en courbes

musicales dont les arabesques lointaines lui ramenaient
l'infini. En se laissant parcourir par le cercle éternel des
choses, il vit passer la forme dans la forme, l'esprit pénétrer
dans l'esprit, il sentit que l'espoir naît de la douleur même
et que la force qui circule dans le corps de l'univers lie au
passé l'heure présente et fait sortir du moment le sens de
l'avenir.

Sa création est sa vie même. Dans ce qu'il sut voir de
l'aspect extérieur des choses a germé sa fraternité, et son
langage puise sa puissance héroïque dans la correspondance étroite de ses réalités morales et des formes de la
nature. Ses larmes, ses enchantements furent le pain de son
génie. Parce qu'il a souffert, il a pitié des hommes, il leur
donne l'espoir parce qu'il a aimé. Sa parole s'installe en
eux comme une paix irrésistible. Sortie des profondeurs
voilées d'une humanité toujours tressaillante, son action
s'est répandue sur elle pour l'émouvoir et pour la féconder.
Ses belles maternités sont le symbole de sa vie. Il a versé
en nous sa force comme un lait. Je vois en lui l'homme
suprême à qui l'hésitation des hommes peut demander la
loi de l'essentielle humanité.

Paris, Août-Octobre 1907.

TABLE DES GRAVURES HORS TEXTE

ACHEVÉ D'IMPRIMER

PAR

FRAZIER-SOYE A PARIS

153-157, RUE MONTMARTRE

LES PLANCHES HORS-TEXTE ONT ÉTÉ TIRÉES

PAR

FORTIER & MAROTTE